保育の質が高まる！

0歳児の指導計画

子ども理解と
書き方のポイント

阿部和子・山王堂惠偉子 編著

中央法規

はじめに

　子どもたちは何か特別なことを体験することで育つのではなく、当たり前にくり返される日常を十分に生き、そこでの体験を積み重ねることで、日々を、そして、その連続の先の未来を、豊かに生きる力を獲得していきます。

　子どもの日常は一人では成り立ちません。子どもを温かく受けとめ、日常に心を砕き、それぞれの子どもが、それぞれの幸せを追求していくことを願い、その傍らにスタンド・バイする人がいなければなりません。

　本書は、子どもの姿を大切にして、迷いながらも実践してきた保育を振り返り、実践してきた記録をもとに自らの保育の考え方を明らかにし、そのうえで、試行錯誤を重ねながら取り組んださくらの保育園の1年間の計画と実践をもとにして編集しています。

　本書がこだわったのは、「子どもの姿」から指導計画を立案し、実践を展開し、その後、子どもの姿や内面の育ち（保育者の対応も含めて）を意識して実践を振り返り、次の計画を立案するという保育の連続性のリアリティです。そして、子どもの（今の）姿から、子どもの（明日の、未来の）姿へという育ちの連続性です。

　編著者の山王堂と阿部は、さくらの保育園の保育者が自らの実践を整理し形づくっていく過程に伴走しました。ですから、さくらの保育園の保育者と子どもたちが本書の真の著者です。さらに、本書を手にした方へと連続するとしたら、その方は、これからの本書の発展編の著者です。そのような連鎖が起きるとしたら、編著者の望外の喜びです。

2021年1月

編著者　阿部和子

山王堂惠偉子

Contents

保育の基本はココから

第1章 **0歳児の保育において
大切にしたいこと**

 第2章 **0歳児の指導計画**

年間指導計画

保育の質向上はココから

第3章 乳幼児保育の基本と展開

本書（第2章）の使い方

本書の第2章は、月ごとに、「クラスにおける子どもの姿」「個別の計画（高月齢・低月例）」の構成になっています。各要素の連続性や関係性を踏まえて、指導計画を作成しましょう。

**クラスにおける
子どもの姿**

**個別の計画
（高月齢）**

**個別の計画
（低月齢）**

第1章

0歳児の
保育において
大切にしたいこと

1 乳幼児期のよりよい 生活（遊びを含む）とは

　子どもにとってのよりよい生活（遊びを含む）は、「現在を最もよく生き、望ましい未来を創り出す力の基礎を培う（保育所保育指針の保育目標）」ことにつながる体験を十分にすることです。

　「現在を最もよく生きる」ということは、子どもの「ああしたい、こうしたい（こういうふうに生きたい）」という欲求を、今、もち合わせている力を存分に使ってやり遂げることです。そして、もち合わせの力で、あれやこれやと試み、やれたことの喜びを味わうことです。さらに、できることにくり返し取り組み獲得した力を確かなものにし、自分のすることに自信をもつことです。加えて、今の力では難しいことにも、それをしてみたいと思ってやってみる時間が十分にあることです。傍らには、試したり工夫したりすることを見守ったり、一緒に試行錯誤してくれる保育者がいることです。

　そのような毎日の生活や遊びの体験の蓄積の中で、望ましい未来をつくりだす力の

図1　望ましい未来につながる体験

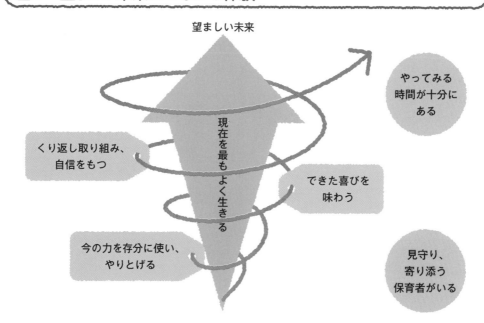

基礎が培われることになります。保育所保育指針や幼保連携型認定こども園教育・保育要領では、未来をつくりだす力の基礎として、また、生きる力の小学校教育の基礎として育みたい資質・能力を3つの側面から挙げています。

> （ア）豊かな体験を通じて、感じたり、気付いたり、分かったり、できるようになったりする「知識及び技能の基礎」
> （イ）気付いたことや、できるようになったことなどを使い、考えたり、試したり、工夫したり、表現したりする「思考力、判断力、表現力等の基礎」
> （ウ）心情、意欲、態度が育つ中で、よりよい生活を営もうとする「学びに向かう力、人間性等」

　乳幼児期はこれらの力の基礎を培う時期であるとしています。これらの力の基礎を培うために、毎日の生活や遊びの中で、「感じたり、気づいたり、分かったり、できるようになったりする」そして、「気付いたことや、できるようになったことなどを使い、考えたり、試したり、工夫したり、表現したりする」体験を十分にすることが、重要になります。

　それらの体験を十分にすることを通して子どもの「心情、意欲、態度」が育ってきて、身につけた様々な力を使い、よりよい生活を営もうとする「学びに向かう力」中で、子どもの内面（人間性）も育っていくと考えられます。

図2　乳幼児期に育みたい資質・能力のイメージ

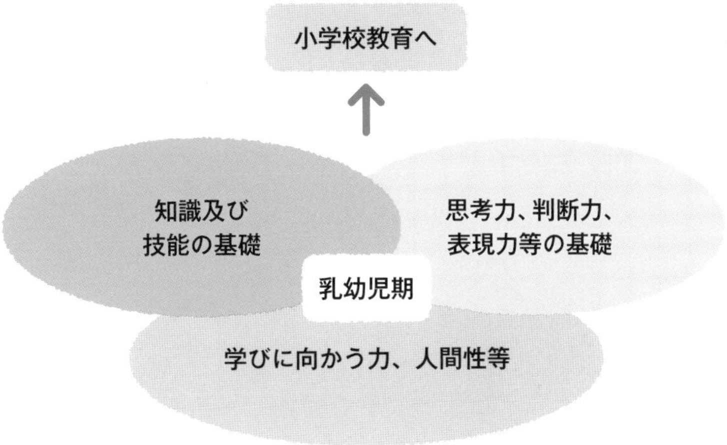

小学校教育へ

↑

知識及び
技能の基礎

思考力、判断力、
表現力等の基礎

乳幼児期

学びに向かう力、人間性等

2 0歳児のよりよい生活

0歳児の毎日の生活や遊びの中で、「感じたり、気づいたり、わかったり、できるようになったりする」そして、「気づいたことや、できるようになったことなどを使い、考えたり、試したり、工夫したり、表現したりする」体験とは、具体的にどのような体験でしょうか。また、「心情、意欲、態度」が育ってきて、よりよい生活を営もうとする「学びに向かう力」とはどのような生活をいうのでしょうか。その内面の育ちはどのような姿として現れるのでしょうか。

0歳代の発達にはかなりの個人差があるので、前期と後期に分けて、子どもの生活や遊び（保育）で大切にしたいことをそれぞれに見ていきます。

① 0歳児前期に大切にしたいこと

0歳児の1日は、集団で生活していても、寝て・起きて・ミルクを飲んで（離乳食を食べて）・遊んで・寝てという、一人ひとりの生理的なリズムに従った生活をしています。このような生活が成り立つためには、保育者の手助けが必要になります。保育者は、この時期の子どもを手助けするためには、どのように関わればいいのでしょうか。

図3　0歳児前期に大切にしたいこと

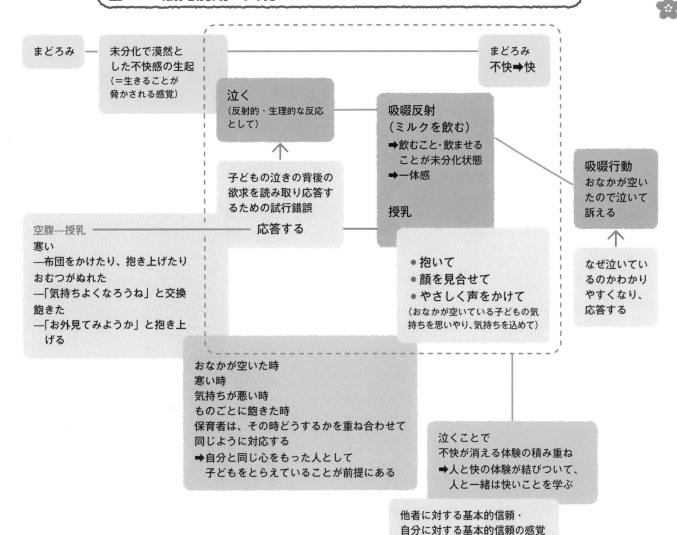

注：図中、点線で囲っている部分は大切にしたいこと（十分に体験してほしいこと）

● 保育者自身と同じ「心（内面）をもつ人」 として対応する

　図3「0歳児前期に大切にしたいこと」を参照して考えてみます。

　子どもが泣きました。保育者は、その泣きに心が揺さぶられ、その泣くという行動の背後を思いやります。保育者は、どのような時に自分が泣くのかに思いを巡らし、泣く意味を探り当て、そのような状態の時、自分はどうするのか、あるいはどうして

もらいたいのかを重ねます。

　例えば、おなかが空いたと泣いているのならば授乳、寒いと言って泣いているとしたら暖めてあげることをします。これらの対応は、乳児を自分たちと同じように感じたり考えたりする存在（内面・心をもつ人）としてとらえていることを意味します。

　「泣いたら授乳する」という当たり前の行為は、どう関わればいいのかとじっくりと考えてのことではなく、ほんの一瞬の出来事であり、一連の過程は意識にものぼらないことがほとんどです。また、乳児を自分たちと同じ「心をもった人」と意識して関わっているわけでもないことです。

　無意識に乳児の内面に自らの心を添わせて応答するという行為は、自分たちと同じで、自分たちのするように対応することで乳児の不快が取り除けると考えているからだと思います。

● あたたかく共感的に応答する

　一方、発達の最も初期の乳児は、おなかが空いたから、寒いから泣いているのではなく、内側に不快（生命が脅かされる）な感覚が湧き起こり、その感覚を取り除きたいという「生きようとする力」としての泣きです。最初は、どういう不快であるのかさえ理解できていないと思われます。

　保育者は、乳児との関わりを通して、あれこれ思いを巡らせて、その泣きに気持ちを重ねて、不快が解消されるように応答します。乳児が今ここで揺れ動いている不快の情動（空腹）に気持ちを重ねて、「おなか空いちゃったね」「早く飲みたいねー」「おいしいね」など言葉を添えて関わることで、内側に揺れ

動いている不快のかたまりを、おなかが空いた時の不快な感覚、寒くて不快な時の感覚を感じ分けていきます。そして、おなかが空いた時、眠い時、寒い時、痛い時に、それぞれを訴えるように、それぞれの意味で泣くようになっていきます。こうして、身近なこと、生きることと結びついた乳児からの訴えの意味が、子ども—保育者間で共有され、徐々に理解可能な存在となっていきます。

●「人と一緒にいることは快い（快さの共有）」という体験を十分にする

　泣きや表情、仕草などに現れる乳児の欲求（内面）に、保育者は敏感で感性豊かに応答することになります。自分たちと同じく心をもっていると乳児をとらえている保育者は、無意識的に、自ずから言葉を添えて応答します。

　欲求することに、あたたかく共感的に応答してもらう体験を重ねることで、「人（一般）」は特別の意味をもってくるのです。「人（一般）」は、ほかのものと異なり、応答されることで、自らの内に起きている感覚が変化し（不快から快の状態へ、また、快の状態からもっと快の状態へ）、快さ（満足）がもたらされます。この体験の積み重ねから「人」と一緒にいることが快いということを学びます。

これらの関わりを通して、身体的な感覚のレベルですが、乳児は「護られている感覚＝安心感」を得ます。この自らの欲求と結びついた「護られている感覚＝安心感」は、これ以降の人生における様々な困難を、自らの住む世界を信じ、他者を信じ、自分自身を肯定し生きていこうとする原初のものとなります。

　この時期に大切にしたいことは、乳児が「護られている感覚＝安心感」をもつことで自分を肯定し生きていこうとする力を獲得できるようにすることです。

● 保育所保育指針、幼保連携型認定こども園教育・保育要領で確認する

　──おおよそこの時期のねらい、内容、内容の取扱い（教育的側面）

　これまでに述べた、この時期に大切にしたい体験について、表1「保育所保育指針第1章2（2）養護に関わるねらい及び内容」、表2「保育所保育指針　第2章1乳児保育に関わるねらい及び内容」を参照してください。

表1　養護に関わるねらい及び内容

	ねらい	内容
生命の保持	①一人一人の子どもが、快適に生活できるようにする。 ②一人一人の子どもが、健康で安全に過ごせるようにする。 ③一人一人の子どもの生理的欲求が、十分に満たされるようにする。 ④一人一人の子どもの健康増進が、積極的に図られるようにする。	①一人一人の子どもの平常の健康状態や発育及び発達状態を的確に把握し、異常を感じる場合は、速やかに適切に対応する。 ②家庭との連携を密にし、嘱託医等との連携を図りながら、子どもの疾病や事故防止に関する認識を深め、保健的で安全な保育環境の維持及び向上に努める。 ③清潔で安全な環境を整え、適切な援助や応答的な関わりを通して子どもの生理的欲求を満たしていく。また、家庭と協力しながら、子どもの発達過程等に応じた適切な生活のリズムがつくられていくようにする。 ④子どもの発達過程等に応じて、適度な運動と休息を取ることができるようにする。また、食事、排泄、衣類の着脱、身の回りを清潔にすることなどについて、子どもが意欲的に生活できるよう適切に援助する。
情緒の安定	①一人一人の子どもが、安定感をもって過ごせるようにする。 ②一人一人の子どもが、自分の気持ちを安心して表すことができるようにする。 ③一人一人の子どもが、周囲から主体として受け止められ、主体として育ち、自分を肯定する気持ちが育まれていくようにする。 ④一人一人の子どもがくつろいで共に過ごし、心身の疲れが癒されるようにする。	①一人一人の子どもの置かれている状態や発達過程などを的確に把握し、子どもの欲求を適切に満たしながら、応答的な触れ合いや言葉がけを行う。 ②一人一人の子どもの気持ちを受容し、共感しながら、子どもとの継続的な信頼関係を築いていく。 ③保育士等との信頼関係を基盤に、一人一人の子どもが主体的に活動し、自発性や探索意欲などを高めるとともに、自分への自信をもつことができるよう成長の過程を見守り、適切に働きかける。 ④一人一人の子どもの生活のリズム、発達過程、保育時間などに応じて、活動内容のバランスや調和を図りながら、適切な食事や休息が取れるようにする。

表2　乳児保育に関わるねらい及び内容

	健やかに伸び伸びと育つ	身近な人と気持ちが通じ合う	身近なものと関わり感性が育つ
	健康な心と体を育て、自ら健康で安全な生活をつくり出す力の基盤を培う。	受容的・応答的な関わりの下で、何かを伝えようとする意欲や身近な大人との信頼関係を育て、人と関わる力の基盤を培う。	身近な環境に興味や好奇心をもって関わり、感じたことや考えたことを表現する力の基盤を培う。
ねらい	①身体感覚が育ち、快適な環境に心地よさを感じる。 ②伸び伸びと体を動かし、はう、歩くなどの運動をしようとする。 ③食事、睡眠等の生活のリズムの感覚が芽生える。	①安心できる関係の下で、身近な人と共に過ごす喜びを感じる。 ②体の動きや表情、発声等により、保育士等と気持ちを通わせようとする。 ③身近な人と親しみ、関わりを深め、愛情や信頼感が芽生える。	①身の回りのものに親しみ、様々なものに興味や関心をもつ。 ②見る、触れる、探索するなど、身近な環境に自分から関わろうとする。 ③身体の諸感覚による認識が豊かになり、表情や手足、体の動き等で表現する。
内容	①保育士等の愛情豊かな受容の下で、生理的・心理的欲求を満たし、心地よく生活をする。 ②一人一人の発育に応じて、はう、立つ、歩くなど、十分に体を動かす。 ③個人差に応じて授乳を行い、離乳を進めていく中で、様々な食品に少しずつ慣れ、食べることを楽しむ。 ④一人一人の生活のリズムに応じて、安全な環境の下で十分に午睡をする。 ⑤おむつ交換や衣服の着脱などを通じて、清潔になることの心地よさを感じる。	①子どもからの働きかけを踏まえた、応答的な触れ合いや言葉がけによって、欲求が満たされ、安定感をもって過ごす。 ②体の動きや表情、発声、喃語等を優しく受け止めてもらい、保育士等とのやり取りを楽しむ。 ③生活や遊びの中で、自分の身近な人の存在に気付き、親しみの気持ちを表す。 ④保育士等による語りかけや歌いかけ、発声や喃語等への応答を通じて、言葉の理解や発語の意欲が育つ。 ⑤温かく、受容的な関わりを通じて、自分を肯定する気持ちが芽生える。	①身近な生活用具、玩具や絵本などが用意された中で、身の回りのものに対する興味や好奇心をもつ。 ②生活や遊びの中で様々なものに触れ、音、形、色、手触りなどに気付き、感覚の働きを豊かにする。 ③保育士等と一緒に様々な色彩や形のものや絵本などを見る。 ④玩具や身の回りのものを、つまむ、つかむ、たたく、引っ張るなど、手や指を使って遊ぶ。 ⑤保育士等のあやし遊びに機嫌よく応じたり、歌やリズムに合わせて手足や体を動かして楽しんだりする。

図4　この時期のねらいは授乳時の関わりの中で総合的に体験される

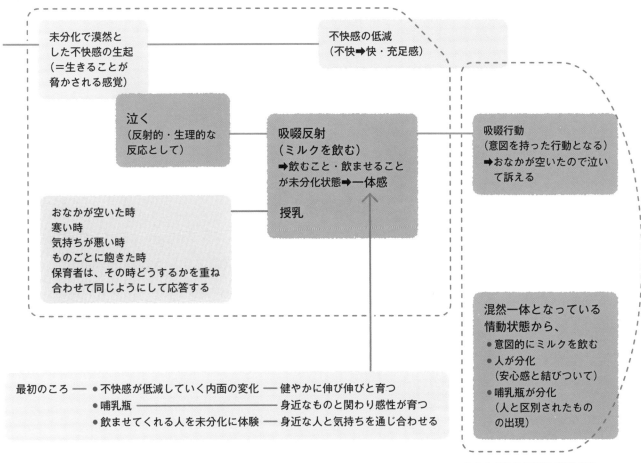

未分化で漠然とした不快感の生起（＝生きることが脅かされる感覚）

不快感の低減（不快➡快・充足感）

泣く（反射的・生理的な反応として）

吸啜反射（ミルクを飲む）➡飲むこと・飲ませることが未分化状態➡一体感

授乳

吸啜行動（意図を持った行動となる）➡おなかが空いたので泣いて訴える

おなかが空いた時
寒い時
気持ちが悪い時
ものごとに飽きた時
保育者は、その時どうするかを重ね合わせて同じようにして応答する

混然一体となっている情動状態から、
● 意図的にミルクを飲む
● 人が分化（安心感と結びついて）
● 哺乳瓶が分化（人と区別されたものの出現）

最初のころ —— ● 不快感が低減していく内面の変化 —— 健やかに伸び伸びと育つ
● 哺乳瓶 ——————————————— 身近なものと関わり感性が育つ
● 飲ませてくれる人を未分化に体験 —— 身近な人と気持ちを通じ合わせる

おおよそ3か月頃の発達の姿

　0歳児の育ちのねらいと内容は、保育指針、教育・保育要領においては、3つの視点からそれぞれにねらいがあり、そのねらいを達成するための内容がそれぞれに記述されています。しかし、実際の保育においては、例えば「身近な人と気持ちが通じ合う」という視点から述べられているねらいの一つに「安心できる関係の下で、身近な人と共に過ごす喜びを感じる」があります。さらに、そのねらいを達成するうえで体験してほしい内容の一つに「子どもからの働きかけを踏まえた、応答的な触れ合いや言葉がけによって、欲求が満たされ、安定感をもって過ごす」というものがあります。ねらいを達成するためのこの体験は、授乳時に、おむつ替え時に、あやし遊びの時にと子どもの様々な活動の中で体験されます（図4参照）。

　また、「健やかに伸び伸びと育つ」という視点から述べられているねらいの一つに

「身体感覚が育ち、快適な環境に心地よさを感じる」があります。そのねらいを達成するうえで体験してほしい内容の一つに「保育士等の愛情豊かな受容の下で、生理的・心理的欲求を満たし、心地よく生活する」というものがあります。このねらいを達成するための体験も、授乳時に、おむつ替え時に、あやし遊びの時にと子どもの様々な活動の中で体験されます。

3つ目の視点である「身近なものと関わり感性が育つ」のねらいの一つに、「身の回りのものに親しみ、様々なものに興味や関心をもつ」があります。そのねらいを達成するうえで体験してほしい内容の一つに「生活や遊びの中で様々なものに触れ、音、形、色、手触りなどに気付き、感覚の働きを豊かにする」というものがあります。これも、授乳時や沐浴、あやしてもらう、音を出しながら動く玩具を聞きつけ、それに見入ったりする活動の中で体験されます。

生活や遊びの中の日々の活動の中に3つの視点が相互に関連をもち、複雑に絡み合いながらこの時期のねらいの達成に向かっていることがわかります。それらの体験の中でこの時期に要となるものは、子どもの中に生起する欲求を的確に読み取ってもらい、「心（内面）をもった人としてあたたかく共感的に対応される」体験です。

② 0歳児後期に大切にしたいこと

0歳児の前期において、保育者はこの時期の子どもの心身機能の未分化性を理解しながら、自分たちと同じ心（内面）をもつ存在としてとらえ、子どもからの働きかけに、あるいは内面の状態に、あたたかく応答してきました。このような寝て・起きて・ミルクを飲んで（離乳食を食べて）・遊んで・寝てという一人ひとりの生理的なリズムが尊重された生活の積み重ねる中で、昼に目覚める時間が長くなっていくというように、子どもは、生活のリズムを整えていきます。また、日々の自らの欲求にあたたかく応答してくれる保育者が身近な人となり、ますます、関わりを求

いいもの見つけたよ。コロコロボール いくよ

めるようになります。

　以上のような生活の中で、身近な人を区別し、生活や遊びの中で安心感をもたらす保育者（特定の人）を求めるようになります。0歳児の後期は、特定の保育者との関わりを核にし、周囲のものや人との関わりを通して、運動機能（座る、はう、立つ、手指の器用さ等）が著しく発達していきます。運動機能の発達と連動して周囲のものの世界が豊かになり、そして、行動の主体であり認識の主体である自身の内面が豊かになっていくのが0歳児の後期です。こうして1歳の誕生日を迎えるころには、人として生きていくうえでの基本的な力（直立歩行、言葉などの発達）の基盤ができ上がります。

●子どもが「受け止められている」という安心感をもつ

　子どもは、その内側で生起する欲求に対して、同じ心（内面）をもった人として対応されることで、自らの内面の揺れ動きが解消されていくことを体験します。その中で、内面の揺れ動きと、それに応答する人の関係に気づき、周囲の環境の中で、人が内面の快さと結びついて「特別な意味をもった存在」となっていきます。さらに、特別な意味をもった存在としての「人一般」から、さらに人を分化させて、自らにより多く快さをもたらす「特定の人」を獲得します。つまり、子どもが働きかけたら働き返してくれる人が特定の人となります。

　このような関係が成立すると、子どもは「受け止められている」「護られている」という感覚・情感をもち、情緒が安定し、安心感の中で様々な活動が展開されていきます。0歳児の後期は旺盛な探索活動の中で、様々な力を獲得していくことになります（図5の点線で囲われた部分）。

●探索活動を十分に
──豊かな活動が展開される環境構成

一人で遊ぶ

　受け止められている・護られているという情感の中にいるこの時期の子どもの注意・関心は、身のまわりのことに向かいます。あたかも、周囲のものに引きつけられるようにして探索活動（遊び）が始まります。それまでは、動くものや音の出るものに注意を向ける視聴覚探索が主でしたが、見たものをつかめるようになる（目と手の協

応）と、触覚が加わり、見たものを手に取り、なめる・ふる・ふって聞くなど、もの
との関わりが複雑になります。手指も最初はぎこちなく手の平全体を使ってものを握
っていたのが、細やかな手指の動きを要求する玩具などにも手を出し、拾い上げたり、
引いたり、押したりなど試行錯誤し、ものへの関わり方やその性質を感覚的に身につ
けます。

　また、移動することが可能になると、より広範囲の中で様々な体験をすることにな
ります。獲得する力も複雑になり、まわりの環境に触発されるように旺盛に動きまわ
りますが、一つのものにじっくりと関わるというような興味を持続させることは、子
ども一人では難しいことです。

保育者と一緒に遊ぶ（関心の共有）

　一人で遊ぶことと平行して、ある時には保
育者と一緒に遊びます。保育者は、子どもの
向かうものを手掛かりにして、「いいもの見
つけたね。ブーブーだね」と言葉を添えて動
かします。また、「いいもの見つけたよ。コ
ロコロ、ボールいくよ」と子どもの注意とも
のを結びつける働きかけもします。保育者が
「おもしろいねー」と一緒に楽しもうとする
一方、子どもにとって都合の悪いこと、例え
ば、ごみ箱をひっくり返して中のものを取り
出そうとするなどには「ばっちいねー、ばい
ばい」とやさしくよけたりします。

　このようなやりとりの中で、保育者が興味
を共にするもの（関心の共有）とそうでもな
いものに気づいていきます。興味の共有は、同じものに同時に注意を向け、それを通
して、気持ちをやり取りすることですから、保育者の子どもの内面理解が急速に進む
ことになります。また、そのような遊びは、保育者の内面からの言葉を伴います。楽
しい遊びと保育者の内面からの言葉が結びついて、していることの意味を理解し、や
がては言葉として発するようになります。また、保育者と楽しさを共有しながら遊び
続けることは、遊びに対する興味を持続させることになります。この時期の子どもは、
興味を持続（おもしろさの追求）させることは一人ではできません。

● 保育者にしてもらうこと

　図5の下部中央にある「（子どもの欲求を受け止め）授乳・離乳食、おむつ交換、沐浴、衣服の着脱、清潔」は保育者にしてもらうことがほとんどです。保育所保育指針では、保育者が適切に行うことに重点が置かれた対応として位置づけられています。この時期の保育においては、その前面に出てくるやり取りですが、ここでも子どもの気持ちを受け止めることが重要になります。

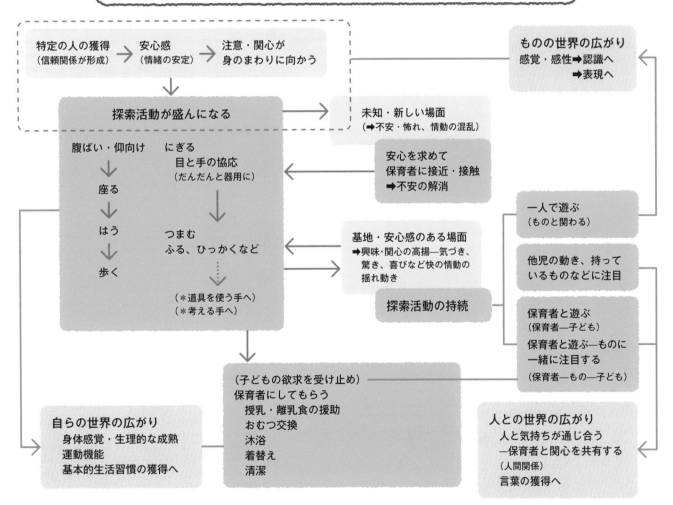

図5　0歳児後期に大切にしたいこと

特定の人の獲得（信頼関係が形成）→ 安心感（情緒の安定）→ 注意・関心が身のまわりに向かう

ものの世界の広がり　感覚・感性➡認識へ➡表現へ

探索活動が盛んになる

未知・新しい場面（➡不安・怖れ、情動の混乱）

安心を求めて保育者に接近・接触➡不安の解消

腹ばい・仰向け　→　座る　→　はう　→　歩く

にぎる　目と手の協応（だんだんと器用に）　→　つまむ　ふる、ひっかくなど　→　（*道具を使う手へ）（*考える手へ）

基地・安心感のある場面➡興味・関心の高揚―気づき、驚き、喜びなど快の情動の揺れ動き

探索活動の持続

一人で遊ぶ（ものと関わる）

他児の動き、持っているものなどに注目

保育者と遊ぶ（保育者―子ども）

保育者と遊ぶ―ものに一緒に注目する（保育者―もの―子ども）

（子どもの欲求を受け止め）保育者にしてもらう　授乳・離乳食の援助　おむつ交換　沐浴　着替え　清潔

自らの世界の広がり　身体感覚・生理的な成熟　運動機能　基本的生活習慣の獲得へ

人との世界の広がり　人と気持ちが通じ合う―保育者と関心を共有する（人間関係）　言葉の獲得へ

注：図中、点線で囲っている部分は大切にしたいこと（十分に体験してほしいこと）

保育者の都合や、あらかじめ決められた時間に行うものではなく、子どもの欲求に添って、その欲求が満たされるように対応することになります。この関わりの中でも子どもは様々な学びがあり、育みたい資質・能力を獲得する体験を重ねています。そもそも、子どもは生活や遊びを区別しているわけではありません。遊びも生活も同じように周囲のものや人に興味をもって関わる活動です。保育者にしてもらうことがどれだけ多くても、その行為・活動の主体は子どもであることをしっかりと意識して関わることが重要になります。

　以上の０歳児の後期の発達を保障する保育をどのように展開いていくのかを、図６を参照しながら考えていきます

● 保育所保育指針、幼保連携型認定　こども園教育・保育要領で確認する

——おおよそこの時期のねらい、内容、内容の取扱い（教育的側面）

　これまでに述べた、この時期に大切にしたい体験について、表１「保育所保育指針第１章２（２）養護に関わるねらい及び内容」、表２「保育所保育指針　第２章１乳児保育に関わるねらい及び内容」を参照してください。

　ここに示されているねらいや内容は０歳児期全体のものですので、そこに子どもの発達過程を考慮して考えることになります。

発達的に見て、この時期は子どもの世界が広がっていく（身近な環境と関わり感性が育つ）ことが顕著な時期です。この姿に合わせて保育所保育指針のねらいと内容を見てみます。

　この領域のねらいの一つに「見る、触れる、探索するなど、身近な環境に自分から関わろうとする」という項目があり、それを達成するための内容として、「生活や遊びの中で様々なものに触れ、音、形、色、手触りなどに気付き、感覚の働きを豊かにする」「玩具や身の回りのものを、つまむ、つかむ、たたく、引っ張るなど、手や指を使って遊ぶ」などが考えられます。

図6　0歳児後期の探索活動（遊び）を通して育つもの

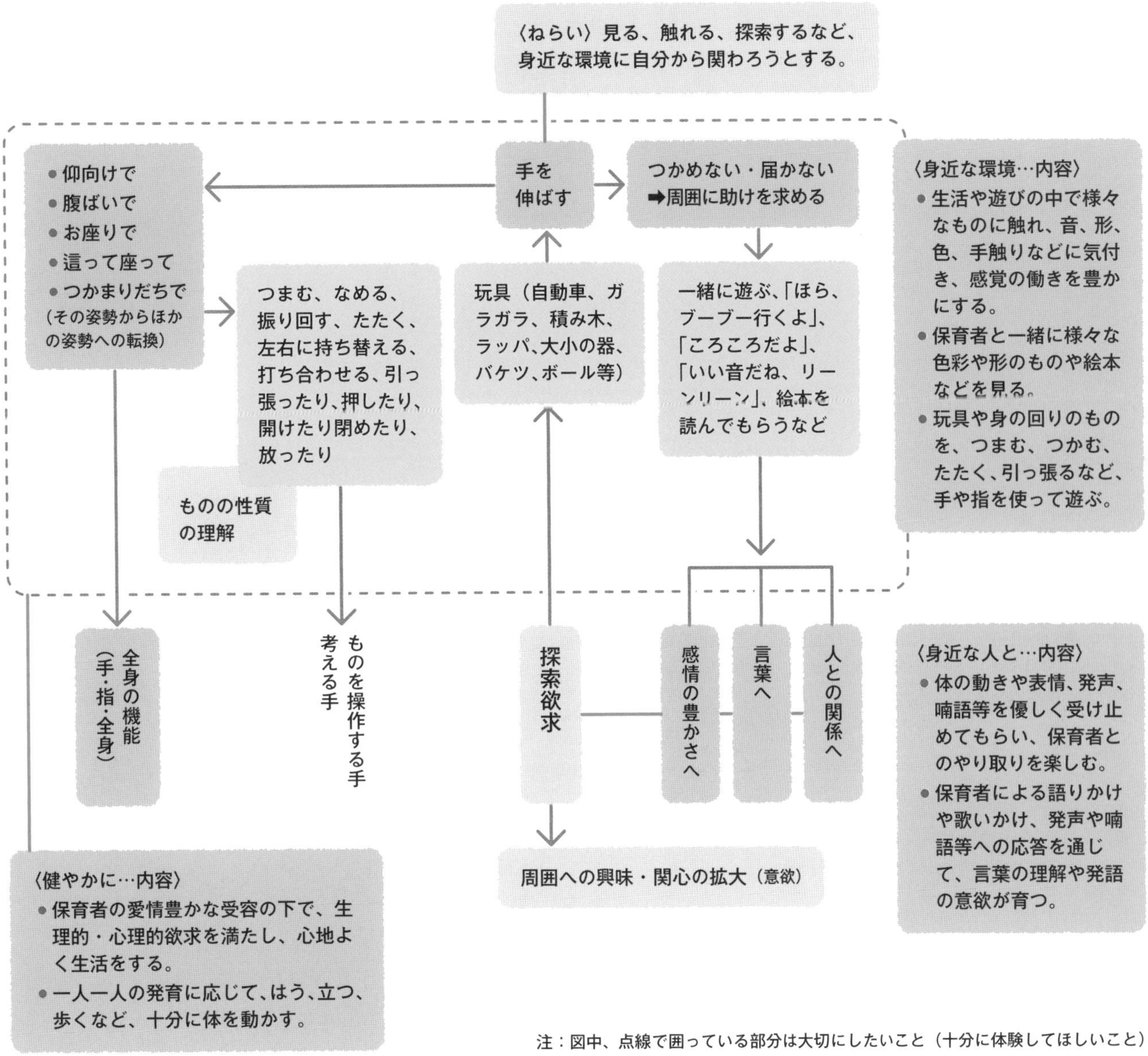

〈ねらい〉見る、触れる、探索するなど、身近な環境に自分から関わろうとする。

手を伸ばす

つかめない・届かない
➡ 周囲に助けを求める

〈身近な環境…内容〉
● 生活や遊びの中で様々なものに触れ、音、形、色、手触りなどに気付き、感覚の働きを豊かにする。
● 保育者と一緒に様々な色彩や形のものや絵本などを見る。
● 玩具や身の回りのものを、つまむ、つかむ、たたく、引っ張るなど、手や指を使って遊ぶ。

● 仰向けで
● 腹ばいで
● お座りで
● 這って座って
● つかまりだちで
（その姿勢からほかの姿勢への転換）

つまむ、なめる、振り回す、たたく、左右に持ち替える、打ち合わせる、引っ張ったり、押したり、開けたり閉めたり、放ったり

玩具（自動車、ガラガラ、積み木、ラッパ、大小の器、バケツ、ボール等）

一緒に遊ぶ、「ほら、ブーブー行くよ」、「ころころだよ」、「いい音だね、リーンリーン」、絵本を読んでもらうなど

ものの性質の理解

全身の機能（手・指・全身）

ものを操作する手 考える手

探索欲求

感情の豊かさへ

言葉へ

人との関係へ

〈身近な人と…内容〉
● 体の動きや表情、発声、喃語等を優しく受け止めてもらい、保育者とのやり取りを楽しむ。
● 保育者による語りかけや歌いかけ、発声や喃語等への応答を通じて、言葉の理解や発語の意欲が育つ。

周囲への興味・関心の拡大（意欲）

〈健やかに…内容〉
● 保育者の愛情豊かな受容の下で、生理的・心理的欲求を満たし、心地よく生活をする。
● 一人一人の発育に応じて、はう、立つ、歩くなど、十分に体を動かす。

注：図中、点線で囲っている部分は大切にしたいこと（十分に体験してほしいこと）

　このねらいを達成するために体験してほしい内容を、周囲を探索する活動を一人でする、また、保育者と一緒にする活動は、図6の中央部分（点線で囲われた部分）の活動などが考えられます。そこを十分に体験することで、身近な環境に関わろうとする意欲が育つことが理解できます。
　さらに、身近な環境に関わろうとし、また、関わることで、体の育ちである「はう・

図7　1歳児3か月ごろの発達の姿のネットワーク

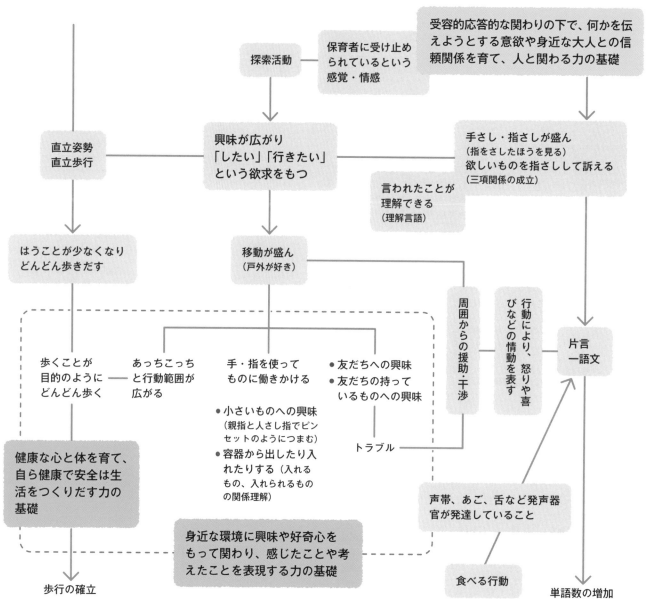

注：図中、点線で囲っている部分は大切にしたいこと（十分に体験してほしいこと）

立つ・歩く」ことを十分に体験します。また、保育者と一緒に遊ぶことで、楽しさの共有（気持ちが通じ合う喜びの体験）、その楽しさに言葉が添えられることで、1歳代の言葉の育ちにつながっていきます。

　0歳児の後期の保育において、大切にしたいことは、子どもが保育者に受け止められている・護られているという感覚・情感をもてるように、信頼関係をしっかりと確立することです。そのうえで、生活や遊びの場面で、子どもが自ら周囲の人やものに関わろうとする意欲が、活動となって現れる探索活動を十分に展開することが重要になります。

　以上のような日々を積み重ねて、1歳の誕生日を迎えるころの発達の姿が図7のように整理されます。この図は、人と関わる力の基礎として「身近な大人との信頼関係を育てる」「身近な環境と関わり、感じたことや考えたことを表現する力の基礎」「自ら健康で安全な生活をつくりだす力の基礎」の1歳ごろの具体的な姿です。発達は姿としてそれぞれにあらわしますが、その姿は互いに、複雑に絡まり合って互いの姿に影響を与えることを押さえておきましょう。

第2章

0歳児の
指導計画

年間指導計画

- 一人ひとりの生理的リズム（睡眠、食事、排泄）を尊重し、快適で安定した生活ができるようにする。
- 特定の保育者との関わりを通して信頼関係を築き、安心して生活できるようにする。
- 喜んで食事をすることを通して乳汁から離乳食、離乳の完了へと援助してもらいながら、一人で食べられるようになる。
- 身のまわりのものに興味をもって関わり、運動機能を獲得するとともに、探索活動を存分に楽しむ。

	1期（4〜6月）	2期（7〜9月）
ね ら い	● 個々の生理的リズム（睡眠、食事、排泄）をタイミングよく満たすことで、無理なく新しい生活に慣れるようにする。 ● 個々の欲求を特定の保育者が丁寧に受け止めることにより、安心して生活できるようにする。 ● 身のまわりのものに興味をもち、保育者と一緒に遊ぶ。	● 梅雨期、夏期の健康状態を把握し、快適な生活空間で気持ちよく過ごせるようにする。 ● 一人ひとりとの思いや欲求を丁寧に受け止めることで、保育者との信頼のきずなが深まり、豊かな感情が育つようにする。 ● 水、砂、草花など、様々な感触のものに興味をもち、触れて遊ぶ。

	生後57日〜3か月未満	3か月〜6か月未満	6か月〜9か月未満
子 ど も の 生 活（身体的発達・精神的発達・社会的発達）	● 一日のほとんどの時間、睡眠と目覚めをくり返す。 ● 空腹やおむつが汚れるなど不快を感じると泣いて知らせる。 ● 首がすわり、手足の動きが活発になる。 ● あやされたり話しかけられたりすると、人の顔をじっと見つめ、笑ったり声を出したりする。 ● 動くものを目で追い、笑いかけに反応する。 ● 自分の手をかざしたり、しゃぶったりする。 ● ガラガラなどの音のするほうを、目で追う。	● 授乳・睡眠のリズムが、徐々に一定になってくる。 ● 離乳食を少しずつ始め、味覚が広がる。 ● 自分の意思で手を動かせるようになり、様々な物をさわったり握ったり、口に入れたりなめたりする。 ● 人とものとの区別がつき始め、注視したり追視したりする。外の世界への関心が広がる。 ● 感情表現が豊かになり、様々な表情をする。 ● 機嫌のよいときには声を出して笑い、語りかけに声を出して応える。 ● 寝返りしたり、腹ばいで移動運動をしようとする。	● 授乳・睡眠・排泄のリズムが確立し、睡眠は午前と午後の1日2回になる。 ● 歯が生え始め、ものを口に運び、盛んにかむ。 ● 離乳食に慣れ始め、2回食を食べる。 ● 安定して一人で座り、腹ばいで前進する。 ● 寝返りしたり、腹ばいやハイハイで移動するようになる。 ● 目の前のものに手を伸ばし、つかんでなめる。また、動かして遊ぶ。 ● 人見知りが始まる。見慣れない大人に泣いたり、担任を後追いしたりする。 ● 「マンマ、マンマ」など反復的な喃語を発する。 ● ふれあい遊びや手遊び、わらべ歌遊びを喜ぶ。

家庭との連携

- 保護者が安心して園に子どもを託し、子育てについて語り合えるようにする。
- 一人ひとりの健康状況、発達、既住暦、体質（アレルギー）などを保護者から聞き取り、把握する。
- 感染予防のため、保護者には、入室時の手洗い・消毒を依頼する。
- 家庭での生活リズムを引き継ぎ保育を行うことで、園の生活と家庭の生活に落差がないようにする。

- 一人ひとりの保育の方針や指導計画、クラスだより、連絡帳で、子どもの育ちを伝えて共有し、喜び合う。
- 離乳食は、園と家庭で話し合い、無理のないよう進める。
- 自我の芽生えなどを踏まえて今後の成長に見通しがもてるように話し、ともに子どもの成長を見守る。
- 感染症発生時期には、園での状況を速やかに伝える。また予防方法を伝え、感染時の対応を共有する。

3期（10〜12月）	4期（1〜3月）
●気候や体調に留意し、なるべく薄着を心がけ、健康に過ごせるようにする。 ●身のまわりのいろいろなものに対し、興味や好奇心をもてるようにする。 ●戸外遊びや散歩を通して秋の自然に触れ、探索活動を存分に楽しむ。	●冬期の体調に留意し、快適な環境の中で元気に過ごせるようにする。 ●自分でしたい気持ちを受け止め、十分に満足感が得られるようにする。 ●保育者や友だちのすることに関心をもち、模倣するなど一緒にすることを楽しむ。

9か月〜1歳未満	1歳〜1歳6か月未満	1歳6か月〜2歳未満
●睡眠時間が定着し、安心して眠れるようになる。 ●離乳食が3回食になり、食材を手で握ったり指先でつまんだりして、口を動かして食べる。 ●自我が芽生え自分のペースで食べ、むら食いや遊び食べをする。 ●ハイハイ、つかまり立ち、伝い歩き、一人歩きと移動運動が活発になる。 ●一人遊びができるようになり、まわりのものへの興味・関心が深まり、探索も活発になる。 ●ものを打ち合わせるなど、音が鳴るものへの興味が出てくる。 ●名前を呼ばれるとわかり、振り向く。 ●指さしし、少しずつ思いを伝えようとする。 ●模倣が盛んになる。また、友だちに興味をもち、同じことをしたがる。	●幼児食へ移行し、スプーンを持って食べ、コップを持って飲もうとする。 ●排尿間隔が開き、保育者が見守る中でオマルに座る。 ●衣服を着る際、自分で手足を動かそうとする。 ●歩行し始め、興味の幅が広がり、探索活動が増える。 ●絵本をめくったり紙を破いたりと、指先を使って遊ぶことを楽しむ。 ●自我が芽生え、自分の思いを伝えようとする。 ●絵本や戸外で自分の知っているものを指さしなどで伝える。 ●大人の模倣が盛んになり、友だちに興味をもち、同じことをしたがる。	●様々な食材を体験する中で、好みがはっきり出てくる。 ●手づかみだけでなく、スプーンを使って、かんで食べようとする。 ●食前・食後のあいさつを自らする。 ●緩やかな坂道や段差などを一人で歩くなど、足腰がしっかりしてくる。 ●さらに言葉数が増え、二語文を話すことが増える。 ●友だちへ興味をもち一緒にいることを楽しむが、ぶつかり合いもある。 ●身近な大人の模倣から、見立てて遊ぶようになる。 ●何でも「自分でしたい」という気持ちが芽生える。 ●体全体を使って遊び、動きが活発になる。 ●つかむなど手や指先を使って遊ぼうとする。

	生後57日〜3か月未満	3か月〜6か月未満	6か月〜9か月未満

●子どもの欲求を察知し、受け止めることにより、安心して生活できるように、特定の保育者が関わる。

●SIDSの予防として睡眠チェックを定期的に行い記録する。うつぶせ寝をする場合、咳をする場合は、注意深く観察する。

●おむつが汚れたら、やさしく声をかけて交換し、常に心地よい状態にする。

●子どもとの豊かな交流の中で、十分に子どもが活動できるようにする。

保育者の援助・配慮・環境構成

生後57日〜3か月未満	3か月〜6か月未満	6か月〜9か月未満
●生理的リズムに即した生活ができるように、眠い時ぐっすり眠り、機嫌よく飲めるように配慮する。 ●家庭と園の生活が連続し、無理なく新しい生活に移行できるように支援する。 ●個々の心地よい飲み方を把握し、目を合わせゆったりした雰囲気の中で十分に授乳する。 ●おむつが汚れたら、心地よさを味わえるようにやさしく言葉をかけ、取り換える。尿と便の回数・量を記録する。 ●動くものを見たり、美しい音色を聞いたり、おしゃぶりなどに触れて遊べるようにする。 ●一人ひとりの体調や生活リズムに合わせ、心地よさを味わえるように外気浴を行う。	●個々の発達に十分留意し、睡眠・授乳のリズムを整える。 ●離乳食は、健康状態に合わせ、ゆったりとした雰囲気で食べられるように進める。 ●握ったりなめたりして十分に楽しめるように、様々なおもちゃを用意する。 ●使ったおもちゃは、その都度、洗浄・点検・消毒し、衛生面に十分配慮する。 ●安心して過ごせるように、特定（担当）の保育者と一対一のふれあい遊びなど行う。 ●子どもたちの気持ちや要求に応じてたくさん話しかけたり、あやしたりして応答的に関わり、発語を促す。 ●子どもたちと寝返りや腹ばいを一緒に楽しむ。 ●職員間の連携を図り、個々の状態に沿って働きかける。	●睡眠のリズムが定着し、機嫌よく食べて（飲み）遊ぶ生活リズムが整うように援助する。 ●甘えや不安など、子どもの出すサインや表情を見逃さず、目を合わせゆったりと対応する。 ●保護者・職員間の連携を図り、日々の子どもの健康状態を把握し、離乳などを進める。 ●乳汁から離乳食への時期に、初めての食品との出会う驚きや不安を受け止め、徐々に離乳食に慣れるようにする。 ●個々の発達に応じ、様々な形状・食感の食材に慣れ、食べることへの意欲を育む。アレルギーのある子を把握する。 ●お座りの際は転倒しないように注意し、倒れても危険のないようクッションなどを利用する。 ●ハイハイやお座りなど様々な体勢で過ごせるようにする。 ●口に入れても安全なものを準備し、清潔に十分留意する。 ●わらべ歌やふれあい遊びを通し、特定（担当）の保育者との関わりやふれあいを十分もてるようにし、信頼関係を深める。 ●子どもの思いを十分くみとり、発語や喃語に応えるとともに、込められている欲求や気持ちを察して応える。

行事

生後57日〜3か月未満	3か月〜6か月未満	6か月〜9か月未満
●入園式　●こどもの日　●春の遠足　●イチゴ狩り ●サクランボ狩り	●七夕　●夏祭り	

9か月〜1歳未満	1歳〜1歳6か月未満	1歳6か月〜2歳未満
	●排泄の間隔を把握し、おむつがぬれていない時は便座に座るように誘う。	

9か月〜1歳未満	1歳〜1歳6か月未満	1歳6か月〜2歳未満
●安心して一定時間眠れるように、ゆったりした雰囲気で、保育者がそばにつく。	●保育者と一緒に楽しく遊び、十分食べ、ぐっすりと眠る生活リズムが定着する。	
	●食べようとする気持ちを大切に、丁寧に介助する。	●こぼすことがあっても、一人でスプーンやフォークを使って食べるよう、一人で食べられることを喜び合う言葉かけをする。
●食材はつかみやすい大きさや形にし、小皿に取り分け、自分で食べようとする気持ちを引き出す。	●少しずつオマルに座ることに慣れるように、タイミングを見てオマルへと誘いかける。	●食事前後のあいさつが徐々に身につくように、保育者が一緒にあいさつを行う。
●手づかみ食べを十分経験できるようにし、食べ具合を見て、タイミングよくきり上げる。	●楽しく着替えられるよう、動きに合わせて言葉かけをする。	●戸外に出て、楽しく十分に体を動かせるようにする。
●転倒などに十分気をつけ、探索や移動を十分楽しめる環境をつくる。	●自然や人とのふれあいをたくさん経験できるように、戸外に出る機会を多くつくる。	●保育者や友だちと一緒に遊び、友だちと遊ぶことの楽しさを味わえるように関わる。ぶつかり合いでは、思いをくみとり仲立ちする。
●模倣を楽しむように、わらべ歌や手遊びなどを行う。	●保育者と一緒に楽しめるように、ふれあい遊びをくり返す。	●子どもたちの思いを受容し、安心して自分の思いを表現できるよう適切に援助する。
●じっくり楽しめる場で、つまんだり、容器から出し入れしたりできるようにおもちゃを用意する。	●自分の思いを出せるように、甘えたい気持ちを十分に受け止め、安心感をもてるように関わる。	●模倣へとつながるように、保育者も一緒にごっこ遊びをくり返す。
●子どもの目線などから興味をもつものを察し、指さしたものなどを言葉にして伝える。	●安全に探索活動などを楽しめるように、発達に合ったおもちゃを用意し、環境面の点検・確認をしっかり行う。	●保育者が一緒に、音楽に合わせて体を動かしたり楽器を鳴らしたりして楽しむ。
●子どもが興味をもち、自分からしてみようとする意欲を大切に見守り、必要に応じた手助けをする。		●自分でしようとする気持ちを受け止め、満足感をもてるように、さりげなく手助けする。
●手遊び、リズム遊び、絵本などを通して五感の発育を促す。		●全身運動や指先を使う遊びなど様々な経験を、子どもの興味に応じてできるようにする。
	●言葉や表情から気持ちを十分に受け止め、子どもの心に届くようなやりとりをする。	●友だちとふれあい、一緒にすることの楽しさが味えるように遊びを工夫する。
		●無理のないように、担任以外の保育者や異年齢児との交流の場を設定する。

9か月〜1歳未満	1歳〜1歳6か月未満	1歳6か月〜2歳未満
●運動会　●秋の遠足　●発表会　●クリスマス		●だんごさげ　●作品展　●豆まき　●一日入園　●バイキング　●ひな祭り　●お別れ会　●卒園式

クラスにおける子どもの姿

健康・情緒 ♥♥

◉ 新入園児は慣れない環境に戸惑い泣くことが多く、眠れない、食べられない（飲まない）日が続く。そのため、短時間保育から始め、徐々に園の生活に慣れるようにする。継続児は、これまでのなじんだ保育者や場所へのこだわりがあるので、なじんだ保育者と遊べるようにするとともに、こだわりを受け止めてもらうと安心して遊び始める。

高月齢

- 人見知りの時期と環境の変化が重なり、敏感になっている。戸惑いから朝のうちは笑顔になりにくいが、遊び始めると動きとともに声も笑顔も出る。
- なじんだ保育者だと眠れ、食べられるが、慣れない保育者だとぐずる。
- 保育者に甘え、抱っこを求めてくる。子どもの求めにタイミングを逃さず応じると満足し機嫌よく遊べる。

低月齢

- 家庭での抱き方、寝かせ方を聞き、同じようにすると、少しずつ飲み、寝入ることがある。
- 入園直後は、泣きの意味をとらえられず、保育者のあやしで泣きが収まらないことがある。
- 保育者のあやし、話しかけで目が合うとニコッとすることもある。
- 音の出るおもちゃに反応し喜ぶ。

生活環境（保育環境・清潔・安全等）✨

◉ なじんだ用品やおもちゃなどを新しい保育室に持ち込んで、これまでの保育室の雰囲気をできるだけ保つようにする。

◉ 新しい環境でも安心して過ごせるように、ついたてや仕切りやソファーや長座布団などを設置し、こじんまりとした空間をつくる。

◉ 全担任が把握できるように、睡眠、食事（授乳時間・量）、排泄などの一覧記録を掲示する。

◉ 睡眠中は目を離さず、5分ごとに睡眠チェックを必ず行う。

◉ 手にしたものは口に入れることが多いので、誤飲の危険がある小さなものを取り除く。

◉ おもちゃ、ベット、壁など、室内の消毒を毎日徹底して行う。

生活
（睡眠・食事・排泄）

◎ 睡眠や食事には月齢や個人差があるので、一人ひとりの欲求に応じて、眠り、食べられるようにする。

高月齢

- 午前睡眠と午後睡眠が定着している。日によっては早く眠くなる子どもがいる。
- 食事の時、眠くなるが、保育者のひざの上だと食べられる。
- 「おむつ見せてね」など声をかけると、応じる子どももいるが、おむつ交換を拒み、抵抗する。

低月齢

- 朝の目覚めの時間が日々違い、眠くなる時間も違うので、ほふく室をいつでも眠れるように整えておく。
- 保護者と同じ授乳姿勢で飲めるようにすることで、子どもは安心して飲める。
- おむつが汚れると、泣いたり、もぞもぞしたりする。

遊び

◎ 保育者とのふれあい遊びを喜ぶ。興味のあるものを見つけると、見たり触れたりすることで音や感触を楽しむ。天気のいい日は外気に触れ、心地よさを味わう。

高月齢

- くすぐり遊びやいないいないばぁなどのふれあい遊びの中で、喃語が盛んに出る。
- 保育者が近くにいると安心して遊んでいる。
- ずりばい、ハイハイ、歩行ができるようになった子は、興味のおもむくままに動きまわり遊びを楽しむ。
- 天気のいい日は、ブルーシートを敷いて外気浴を行ったり、ベビーカーでの散歩を楽しむ。

低月齢

- あおむけで自分の脚をつかんだり手をなめて、手足を盛んに動かして遊ぶ。
- ガラガラやチェーン、歯固めなど、興味のあるものに手を伸ばしてつかみ、口に入れて確かめながら遊ぶ。
- 保育者の声かけを喜び、声を出して笑顔で応える。
- 保育者に抱っこしてもらい、外をあちこちながめて声を出す。

4月 5月 6月 7月 8月 9月 10月 11月 12月 1月 2月 3月

個別の計画へ

33

4月 個別の計画 ｜ とわちゃん（11か月）

🏠 生活面 ✨

子どもの姿

- 人見知りの時期でもあることから初めて出会う保育者を拒み、これまでの担当保育者を後追いし、抱っこを求める。

- 食欲旺盛で、ほぼ自分で、手づかみで食べている。指さしが盛んで、「まんま」と言葉が出る。

- なじんだ保育者にはほしいもの、行きたいところを指示してさかんに示す。

保育の観点

- 昨年度から入所しており園生活には慣れているが、人見知りの時期でもあるため、新しい環境に不安を示している。慣れた保育室に行き来しつつ徐々に新しい保育室に慣れるようにする。

- 指先が発達し、食べ物をつまんで食べることができるようになったので、手づかみ食べを存分にできるようにする。

- 身近なものと言葉が結びつき始め、簡単な言葉を話し、指さしで自分の意志や欲求を伝えようとするので、応答的にやりとりする。

🌸 遊びの面 ♪

子どもの姿

- 室内では歩いて興味のあるところへ行ったり、カーテンなどの布をめくってのぞいたり、楽しんでいる。

- 戸外に出る時は、靴をはき、手を広げて歩く。

- 尻もちをつくこともあるが、自分で立ち上がり、また歩き出す。

保育の観点

- 歩けるようになり、目についたものには、何だろう、あれは何かなという興味や関心が高まっているので、目を離さず、自由に動きまわることを見守る。

- 発見したこと、気づいたことなど、子どものわくわくとする気持ちを代弁し、やりとりする。

- 靴に慣れていないため、手でバランスを取りながら歩いている。転んでも戸外で歩くことに喜びを感じ、自分で起き上がってまた歩く。散歩を十分に行う。

ねらい	●新しい環境と保育者に慣れ、安心して過ごせるようにする。 ●様々な食材を手づかみ食べ、食材の感触を味わう。 ●様々なものに興味をもち、探索活動を活発に楽しむ。
内容（養護・教育）	●甘えや欲求を十分に受け入れ、安心して過ごせるようにする。 ●好きなものから一人で手づかみで食べる。 ●戸外やプレイルームなどの傾斜マットやすべり台などで、のぼる、おりる、くぐるなどの動きを楽しむ。
保育者の援助・配慮	●安心して一日が始まり、眠る、食べる、遊ぶなどを、気持ちよく行えるように、これまでのなじんだ保育者が受け入れ、関わる。 ●手づかみ食べを十分に行えるように、形状、大きさに留意し、小皿に取り分ける。飲み込める量であるかも確認をし、「もぐもぐしようね」と促す。 ●ふれあい遊びやおもちゃを使って、楽しさを共有し、保育者との信頼関係を築く。 ●保育室だけでなくプレイルームなどの広いスペースで遊ぶとともに、階段などの段差をのぼりおりする機会もつくる。 ●靴をはかせる時には、靴の特徴を示し、靴が自分の持ち物であることを伝える。歩行が不安定なので、靴をはいての歩行には、保育者がそばにつき、援助を求めた際は手をつなぎ、支える。 ●まねて、リズミカルに体を揺すったりすることを好むので、手遊びやわらべ歌遊びなどを一緒に楽しむ。
保護者との連携	●子どもの生活の流れと遊びの様子を詳細に伝え、新たな環境に慣れていると安心できるようにする。家庭での様子も聞き、疲れなどのサインを見逃さないようにする。 ●離乳完了期の手づかみ食べの重要性を共有し、食材の形状や大きさも伝え合う。固形物も多くなることから、もぐもぐ、かみかみなど、食事の援助を具体的に伝え合う。 ●戸外で遊ぶ機会が多くなるので、足に合った靴を用意してもらう。

4月
5月
6月
7月
8月
9月
10月
11月
12月
1月
2月
3月

書き方のポイント

靴の色や形など、その子の靴の特徴を示し具体的に伝えることで、自分の持ち物に愛着をもつことが示されています。

とわちゃんの振り返り

●なじんだ保育者が朝の受け入れを行ったことで、家庭から園の生活へスムーズに移行した。保育者に手を伸ばし甘えたり、指さしで欲求を伝えたりする姿が見られるようになった。

●手づかみで食べており、自分で食べることの満足感を味わっている。初めての食材との出会いで味の違いに気づき、新しい味には抵抗を示すようになってきた。

●靴をはいて歩くことに慣れ、戸外、室内ともに歩くことそのものを楽しんでいる。探索意欲も高まり活発に動きまわる。十分に行えるように環境を整備する。

🏠 生活面

パタン

子どもの姿

- 入園したばかりで刺激の多い環境に慣れないためか、少しの音で泣いて目を覚ます。

- 睡眠時間は決まっていない。小刻みな眠りと遊びをくり返す。

- 保育者が笑いかけると、にこにこ笑い、声を出して喜ぶ。哺乳びんでも抵抗なくミルクをよく飲んでいる。

保育の観点

- 保育者や子どもの声は、これまでの生活とは異なる刺激なので、保育者の声のトーンを下げ静かに話しかける。

- 環境が変わったことで眠くても眠れないので、静かな場所にベッドを整え、いつでも眠れるように同じ保育者が睡眠援助を行う。

- 哺乳びんから飲むのに慣れるように、母乳授乳時の母親の抱き方と同じようにし、抵抗なく飲めるようにする。

 ✏️ 書き方のポイント

声のトーンを下げ〝あなたに語りかける〟話し方を心がけています。

🌸 遊びの面 🎵

子どもの姿

- メリーなどの音の出るほうをじっと見て聞いたり、あおむけで手をなめたり、脚を動かしたりなど、遊んでいる。

- 歯固めなどのおもちゃを手に持って、口元に持っていき、なめたりかんだりして遊ぶ。

- あおむけから体をねじり、寝返りしそうになるが、元に戻ってしまう。

- 保育者に抱かれて戸外に出ると機嫌がよく、あちこち見て声を出す。

保育の観点

- メリー、ガラガラなどの動くものや音の出るものに興味をもって、見たり聞いたりしているので、タイミングを見て心地よい音を聞けるようにする。

- 自分では手を伸ばそうとしないが、手に持たせてもらうことで触れたり、口に入れて確かめているので、持ちやすいおもちゃを持たせる。

- 頭や肩を持ち上げ、体をねじる（弓なりになる）ことができるようになった。あおむけから寝返りしようとするので、手を添えて寝返りできるようにする。

ねらい	● 新しい環境に慣れ、保育者に親しみをもち、安心して過ごす。 ● 眠くなったら眠り、たっぷりミルクを飲み、機嫌よく遊べるようにする。 ● うつぶせや寝返りなど、体を動かすことを楽しむ。 ● 興味のある物を見たり、触れたり、握ったり、なめたりして楽しむ。
内容（養護・教育）	● 生理的欲求の眠る、食べる、排泄には特定の保育者が関わるようにし、安心して生活できるようにする。 ● 表情やしぐさから眠いというサインを見逃さず、スムーズに眠れるようにする。 ● 自分で頭や肩を上げ、体を弓なりにして寝返りをしようとする。 ● 音の鳴るものや動くものに興味をもち、触れてみようとする。
保育者の援助・配慮	● これまでの家庭での生活を把握し、同じような関わり方をすることで、園生活への抵抗をできるだけ小さくする。 ● 園生活にスムーズに慣れて安心して生活できるように、特定の保育者が関わり、眠い、おなかがすいたなどのわずかなサインを把握し、応じる。家庭と同じ縦抱きでゆっくりと揺らす。 ● 授乳の時間や量は、これまでの家庭生活の流れを継続する。その日のその時々の子どもの様子に合わせるようにする。 ● あおむけや腹ばいで見えやすい位置におもちゃを置き、じっと見て興味を示す姿が見られた場合は、手に握らせてみる。 ● 手に持たせるおもちゃはやわらかく壊れにくい素材を選ぶ。また、消毒を行い清潔なものを用意する。 ● 機嫌がよさそうな時に、寝返りしやすい方向でおもちゃなどの音を出して誘い、手のひらで支えて寝返りを援助する。
保護者との連携	● その日の目覚めや食事を詳しく聞き、家庭と連続した生活を送れるようにすることで、新しい環境でも負担なく過ごせるようにする。 ● 眠くなった時のサインや抱き方などを聞き、心地よく眠れるように配慮することを伝える。 ● 成長とともに寝返りをしようとしていることをともに喜び、一緒に見守る。 ● 追視や注視など視覚で周囲を認識し、さわろうと手を伸ばすなど、育つ姿を伝える。

4月　5月　6月　7月　8月　9月　10月　11月　12月　1月　2月　3月

ひなのちゃんの振り返り

● 特定の保育者になじんできて、その保育者であると少しずつ眠り、飲めるようになってきたので、このまま継続することで、より安定した生活につなぐ。

● 寝返りできるようになり、うつぶせの状態をしばらく保つことができるようになった。一日に何度か楽しめるようにし、その際は目を離さないようにする。

● おもちゃを持ったまま、うつぶせからあおむけに戻ることもできるようになり、自分の手と足で遊んだり、おもちゃをぎゅっと握って口に入れたりして、少しの時間遊ぶようになってきた。清潔・安全に配慮する。

クラスにおける子どもの姿

健康・情緒 ♥♥

◉ 特定の保育者に後追いをしていたが、受け止めてもらうことで安心して過ごせるように
なってきた。ハイハイや伝い歩きをするようになり、移動行動が盛んになっている。

高月齢

- 人見知りや後追いをする子には、好きな保育者が見守っているよとメッセージを送ると安心する。保育者に触れていると落ち着く子どももいる。
- ハイハイや伝い歩きをしたり、歩いて探索したりする。振り返り保育者を確認して安心し、興味のあるところへ行く。
- 指さしや言葉で意志を表し、伝わると喜び、さらに言葉が出て楽しそうだ。

低月齢

んまんま

- 慣れてきた保育者に受け止めてもらい、ふれあうことで心地よく安心して生活する。
- 保育者の語りかけに、表情や喃語でやりとりをすることで、保育者と関わる喜びを楽しむようになってきた。
- 睡眠のリズムがまだ定着しないので、機嫌のよい時にミルクを飲むと眠くなる。

生活環境（保育環境・清潔・安全等）

◉ 一人ひとりの睡眠、食事のリズムに応じて、ぐっすり眠り、ゆったり食べ、存分に遊べるように、パーテーションなどで仕切り、静かな睡眠空間をつくる。

◉ おもちゃは、なめたり、かんだりしても安全に遊べるように、ゴム製や布製、木製などの壊れにくいものを選ぶ。口に入れたおもちゃは、次の子が使わないように専用のバケツに入れて消毒を行う。

◉ 壊れそうなものがないか毎日点検を行う。引き出しは指がはさまらないようにストッパーをつける。

◉ 廊下やホールなど、自由に動きまわれるようにする。ハイハイで移動するので床拭きを行う。

◉ 気温に応じて衣服の調節を行い、快適に過ごせるようにする。

生活
（睡眠・食事・排泄）

◉ ぐっすり眠り、よく食べる（飲む）ことによって、機嫌よく過ごせるようになってきた。
歩行活動が活発になり、探索を楽しんでいる。

高月齢

- 眠くなると保育者に眠いと表情やしぐさで訴え、応えてもらうことで安心して入眠する。
- 食事のラックを見ると近づき、座らせてもらい、手づかみ食べをする。
- 保育者と一緒におむつを取りに行くと、手に持っておむつ交換する場に来る。おむつやズボンをはかせようとすると、自分で足を上げ（動かす）ようとする。

低月齢

- 眠くなると、なじんできた保育者の腕の中でスムーズに眠れるようになってきた。
- 授乳時間が定着し、おなかがすくと短時間で飲み干す。離乳食（1回食）が始まった子は、初めての味に戸惑いながらも少しずつ食べる。
- なじんできた保育者におむつを交換してもらうことを喜び、清潔にする気持ちよさを感じる。

遊び

◉ 保育者と一緒に好きな遊びを楽しんでいる。戸外では、保育者の抱っこで外気浴をしたり、ベビーカーで園庭を散歩したりする。歩ける子は靴をはいて探索を楽しんでいる。

高月齢

- 戸外に出ることを喜び、ベビーカーでの散歩や外気浴をする。歩ける子は散策を楽しむ。また、歩けない子もブルーシートの上にお座りしたり、ハイハイしたり、外の空気に触れて遊ぶ。
- 室内では自分の行きたいところに行って楽しむ。ガラガラを両手に持って振ったり、ミルク缶や太鼓などのおもちゃをたたいたり、音を確かめて遊ぶ。
- 指先が使えるようになり、チェーンをつまんで出したり入れたりして遊ぶ。

低月齢

- 寝返りし、腹ばいで前後に動く。支え座りで身近にあるものやガラガラ、歯固めなどのおもちゃを持って、なめたり、かんだりして感触を楽しんでいる。
- 保育者に抱っこされ、外気に触れ、様々なものを見たり触れたりする。

4月
5月
6月
7月
8月
9月
10月
11月
12月
1月
2月
3月

個別の計画へ

5月 個別の計画 | とわちゃん (1歳)

🏠 生活面 ✨

んまんま

子どもの姿

- なじんできた保育者に対して後追いしたり、甘えたりする。眠くなるとおんぶひもを持ってきて「んぶ」と訴え、おんぶを欲求する。

- 興味のあるものを指さしや簡単な言葉で知らせ、保育者に自分の思いを伝えようとする。

- 離乳食完了期になり、初めての味や調理方法に戸惑い拒むことがある。スプーン、フォークを握って食べようともする。

保育の観点

- 保育者に後追いや甘えを受け入れ応えてもらうことが、眠り、食べ、遊ぶにつながっていくようにする。

- 身振りや指さしなどで自分の思いを伝えた時は、伝わっていることがわかるよう丁寧に応えていく。

- 離乳食完了食になり、様々な食材に触れる機会が多くなる。初めて見るものには、色や形で判断し拒むことがあるが、慣れるように、少しだけと促す。

- スプーン、フォークへ興味をもち、持てるようになったので、使いたい時に使えるように整える。

🎵 遊びの面 🎵

子どもの姿

- 戸外では、「くっく！」と靴の置いてあるところを指差す。靴をはいて歩くことに慣れてきた。

- 石や草花をさわったり、投げたりして楽しんでいる。

- 引き出しを開けたり、かごをひっくり返したり、様々なところをたたいて遊ぶ。

- 手遊び歌をうたいながら、手をたたいたり、振りをまねたりして楽しんでいる。

保育の観点

- 様々なことに興味をもち、何でもやってみたいという気持ちが芽生えているので、待ちながらも共感する。

- 伝えたいことを指さしや身振り、手振り、言葉で伝えたいという気持ちが見られるようになったため、丁寧に応答する。

- 目についたものに近づき、見たり、さわったりし、存分に探索して五感を育むようにする。

- 手遊びやわらべ歌など、模倣できる遊びをくり返し行う。

ねらい	● 担当の保育者と信頼関係を深め、安心して過ごす。 ● スプーン、フォークを使って食べてみようとする。 ● 興味のあるものや場所への探索活動を楽しむ。 ● 保育者と一緒に、模倣遊びやごっこ遊びを楽しむ。
内容（養護・教育）	● 甘えや欲求を十分に受け止め、安心して過ごせるようにする。 ● 主に手づかみ食べであるが、スプーン、フォークを持ち、使ってみようとする。 ● 戸外やプレイルームなどで、めくったり、のぞいたり、入ったりして楽しめるようにする。 ● 保育者と好きな手遊びやふれあい遊びを楽しむ。
保育者の援助・配慮	● 人見知りによる担当保育者への後追いを受け止め、安心できるようにする。 ● おむつ替えの呼びかけは、遊びの妨げにならないようタイミングよく誘うようにする。おむつ交換後は、「さっぱりしたね」と言葉がけをする。 ● 持ちやすく使いやすい形、大きさ、重さのスプーン、フォークを用意する。 ● スプーン、フォークで食べやすいよう一口の大きさでスプーンにのせ、フォークで刺して楽しんで食べられるようにする。 ● 存分に探索できるようプレイルームなどに、おもちゃやマット、すべり台などを準備する。 ● 布をめくってのぞいたり、隠れたり（入ったり）して遊べるように、様々な小物を用意する。 ● 心地いいと思えるように低めの声で語りかけ、手遊びやふれあい遊びをする。くり返し行い、まねて楽しく遊べるようにする。
保護者との連携	● 担当保育者との信頼関係ができ、生活している姿（食べる、寝る、遊ぶ等）や子どもの表情を具体的に伝える。 ● 探索活動を盛んに行う中で、今興味をもっている遊びを伝える。 ● スプーン、フォークを使って食べていることを伝え、家庭での食事の様子と連動しているか確認する。

書き方のポイント

子どもが体感していることを代弁し、おむつ替えはすっきりする、気持ちがよいということを体感と結びつけています。

4月
5月
6月
7月
8月
9月
10月
11月
12月
1月
2月
3月

とわちゃんの振り返り

● 後追いや甘えの適切な受け入れにより、担当保育者との信頼関係が深まってきたが、まだ近くにいることで安心できるので、「ここにいるよ」と伝える。

● 歩いて探索を楽しむだけでなく、砂場に座って砂を手でつかみ、上から落として遊ぶなど、様々な遊びが楽しめるので、その機会を多くもつ。

● 手づかみ食べとスプーン、フォークの併用で、一人で食べた気分を味わえるようにする。

● 手遊びなど、保育者の模倣が盛んになるので一緒に楽しめるようにする。

● 手遊び歌や童謡を聞くと、保育者の口元や手の動きを見てまねしようとする。興味を示して模倣している歌や遊びをくり返し行い、興味に合わせて楽しめるようにする。

5月 個別の計画 | ひなのちゃん (5か月)

🏠 生活面 ✨

子どもの姿

- 新しい環境になじみ、機嫌よく過ごせている。ミルクが足りないのか泣くことがあるので、飲む量を200ccに調整する。

- 眠くなると泣くので、慣れた縦抱きをすると泣き止み入眠できる。午前、午後1回ずつ、1時間以上まとめて眠れるようになった。

- ミルクを飲むとすぐに排尿があり、間隔も短い。

保育の観点

- 睡眠と食事のリズムが定着し、安心して過ごせるようにする。

- ミルクの量が足りなくなってきたことについて、家庭と相談し、ミルクの量を増やしながら体重の確認をする。

- 排尿回数が多いので、おむつかぶれにならないように気をつける。

🎵 遊びの面 ♩

子どもの姿

- うつぶせからすぐに寝返りして腹ばいになる。また、少しの時間であればお座りの姿勢を保てるようになり、支え座りでは、部屋のあちこちを見ている。

- あおむけに寝て、プレイジムなどぶら下がっているものや、近くにあるおもちゃに手を伸ばしてつかもうとする。

- 「あーあー」「うーうー」など、声を出している。保育者が声を出して応答すると喜ぶ。

保育の観点

- 寝返りし、体を動かせるようになってきたので、機嫌のよい時は、様々な体勢で遊べるようにする。

- お座りすることで視野が広がり、部屋の中や保育者の姿を見ることができるようになったので、子どもの目線に、「ここにいるよ」と応える。

- 視界に入ったものに興味が出てきて、さわってみようとするので、興味をもちそうなものをぶら下げたり、周囲に置いたりする。

- 一人で声を出して遊ぶことを喜ぶことから、見守りつつ必要に応じた声かけをする。

ねらい	● なじんできた保育者に生理的欲求を満たしてもらい、安心して過ごす。
	● ふれあい遊びや喃語のやりとりを通して、保育者と関わることを喜ぶ。
	● 寝返りやうつぶせなど、体を動かして遊ぶ。
	● 興味のあるものを引っ張ったり、つかんだりしてみようとする。

内容（養護・教育）	● 表情やしぐさからおなかがすいた、眠いなどを察し、なじんできた保育者がタイミングよく対応する。
	● 抱っこやふれあい遊びを通して、関わり合うことの心地よさを味わえるようにする。
	● 担当の保育者が名前を呼んだり、音の出るおもちゃを近くに置いたりすることで、寝返りを促す。
	● おもちゃやボール、布などを見えるように置き、手を伸ばしてさわろうとする。

保育者の援助・配慮	● 静かな場所で授乳を行えるように、スペースを設ける。
	● 授乳中は目を合わせ、「おいしいね」「ごくごく」など、やさしく語りかけ、ゆったりとした雰囲気の中で飲めるようにする。
	● 入眠時は、5分置きに呼吸、顔色、姿勢を確認する（SIDSチェック）とともに、うつぶせにならないよう気をつける。
	● こまめにおむつ替えを行い、肌を清潔に保つ。やさしくほほ笑み、語りかけることで、保育者との関わり（おむつ交換の時間）を心地よく感じられるようにする。
	● 体をやさしくなでたり、くすぐり遊びをしたりして、保育者とふれあう心地よさを感じられるようにする。
	● 寝返りを促す時は、同じ方向だけでなく、様々な角度から声をかけることで、子どもの動きやすい方向を知り、そうではない方向にも寝返りできるようにする。
	● さわってみたいと興味をもつような音の出るものや、揺れたり動いたりするものを、手の届く距離に置く。
	● おもちゃは、布製やゴム製のやわらかくて壊れにくいもの、消毒しやすいものを用意する。

保護者との連携	● うつぶせになることがあるので、睡眠時のうつぶせ寝についての考えや睡眠チェックについて伝える。
	● 手が使えるようになり様々な遊びを楽しむ様子を伝え、成長を喜び合う。

 書き方のポイント

授乳中に様々な刺激が子どもの目線に入ってくると集中して飲めなくなるため、子どもがゆったりと飲める環境が示されています。

4月
5月
6月
7月
8月
9月
10月
11月
12月
1月
2月
3月

ひなのちゃんの振り返り

● 担当保育者が眠い、おなかがすいたというサインをとらえ、タイミングよく応じることで、落ち着いて過ごせるようになっているので、継続する。

● ふれあい遊びや声かけから、部屋の保育者の顔がわかるようになり、顔を見ると手足を動かし笑顔で声を出すようになってきた。ふれあい遊びなどを続ける。

● うつぶせにするとすぐに寝返りができるようになり、呼びかけや音の出るおもちゃで誘われると、体を弓なりにする。さらに動く楽しさが感じられるようにする。

6月

クラスにおける子どもの姿

健康・情緒 ♥♥

◉ 新しい保育室にあこがれ、担当保育者への親しみを表すようになり、保育者がそばにいることで安心して過ごせるようになる。梅雨期に入り、蒸し暑い日と肌寒い日があり、体調を崩しやすくなる。

高月齢

● 自我が芽生え始め、自分の思いや欲求を伝えようとする。言葉や行動に丁寧に応答してもらうことで安心して過ごす。

● ハイハイ、つかまり立ち、伝い歩き、一人歩きと移動運動が盛んになり、あちこち探索して楽しんでいる。

● 戸外で遊んだ後は、汗をシャワーで流してもらい、着替えをし、気持ちよく過ごす。

低月齢

● 気温差で体調を崩しやすい。体調を崩すと長引いたり、悪化したりしやすいことから、その日の気温や個々の体調に合わせて快適に過ごせるようにする。

● なじんできた保育者のやさしい声かけや抱っこで安心するが、そばを離れようとすると泣いたり、後追いしたりする。

● 寝返り、腹ばいで両手を横に広げる、旋回やずりばいなど、体を動かす。

● お座りが安定し、支えなしでも座れるようになる。

生活環境
（保育環境・清潔・安全等）

◉ 子どもの発達（ハイハイ、お座り、立つ）に合わせた、音が出るガラガラなどの手作りおもちゃを目線や手が届く位置に置き、好きなものを選んで遊べるようにする。

◉ ソファーにのぼれる子が増え、十分に気をつけて見守る。落下防止のためにマットを敷く。

◉ ベランダへの扉を開けておく際は、ストッパーを使用して扉を固定し、ベランダにはマットを敷き遊べるようにする。

◉ 活動範囲が広がってくるので、廊下やプレイルームの遊具の消毒、修繕、点検を行い、安全に遊べるようにする。

◉ 蒸し暑くなってくるので、室内の風の通り道をつくり、自然の風を取り入れるとともに、必要に応じてエアコンを使用する。

◉ カビが発生しやすい季節のため、職員の手洗い、消毒を徹底するとともに、寝具の洗濯や天日干しを行う。

生活
（睡眠・食事・排泄）

◉ 眠くなる時間が日によって流動的である。眠い時は少し眠り、目覚め後は機嫌よく遊び、食べることができる。

高月齢

- 手づかみ食べをしながらも、スプーン、フォークに興味をもち、すくったり刺したりして食べようとする。こぼしながらもコップで飲もうとする。
- 午前寝なしで過ごせる子は食事前、食事中に眠くなってしまう。眠い時はほふく室で眠る。
- おむつ交換を呼びかけると、おむつ交換の場所を指さしたり、おむつ交換の場所へ自ら向かったりする。

低月齢

- 目をこする、あくびするなど眠くなった時のサインに気づき、保育者が抱っこすると安心して入眠する。
- おかゆ（白米）、だしで煮た野菜など、だしや素材の味に慣れる。
- 寝返りできるようになったので、おむつ替え時に動くようになる。モビールや手に持てるおもちゃを持たせたり、担当保育者が語りかけたりすることで、気持ちよくおむつ替えができる。

遊び

◉ 戸外遊びでは、保育者がそばにいると安心して遊び、行きたい場所へどんどん行き、目に入ったものに触れて確かめている。

高月齢

- 戸外に出ると、目についたものに向かっていく。他児の遊びをじっと見ている。自然物に触れて遊ぶ。
- 積み木を指でつかんで積もうとする。保育者が積み木を積むと崩し、手をパチパチして喜んでいる。
- 階段やソファーなどに手をついて、のぼったり、おりたりして遊ぶ。

低月齢
ばぁ～　ばぁ

- 保育者とくすぐり遊びなどのふれあい遊びをくり返し楽しむ。
- 寝返りをくり返す、腹ばいで旋回するなど体を動かす。ずりばいで動き、まわりを見まわして遊ぶ。
- お座りや腹ばいで、近くのおもちゃに手を伸ばし、つかんで引っ張ったり、なめたり、かんだりして確かめて遊ぶ。
- ベビーカーに乗ったり、保育者の抱っこで外気浴を行うと喜ぶ。

4月
5月
6月
7月
8月
9月
10月
11月
12月
1月
2月
3月

個別の計画へ

45

6月 個別の計画 | とわちゃん （1歳2か月）

🏠 生活面 ✨

子どもの姿

- 自分の思いや欲求を、指さしや単語で伝えようとする。欲求が伝わらないと大きな声で泣く。
- 日によっては食事前に眠くなり、抱っこすると眠る。
- スプーン、フォークを握ったり、端をつまむように持って、汁物を混ぜたりしている。
- おむつ交換時は、ズボンに手をかけると足を動かし自分で脱ごうとする。

保育の観点

- 指さしや身振りから子どもの欲求や伝えようとしていることをくみとり、代弁し、伝わっていると感じられるようにする。
- 食事前に眠くなった時は一度眠って、機嫌よく食べられるようにする。
- 一口で飲める量をコップに入れ、「ごくごく、おいしいね」などの声がけをし、こぼしながら飲もうとすることを受け止める。
- 「ズボン、脱げたね」「足が出てきたね」など、言葉をかける。

⭐ 遊びの面 🎵

子どもの姿

- 興味のあるもの、行きたい場所を見つけると「あっち！」と指さし、保育者がついてきたことを確認して行きたい場所に行く。
- 石や植物などの自然物に興味をもち、さわって感触を確かめる。砂場では砂を握ったり、落としたり、シャベルやバケツを使おうとする。
- すべり台の階段をのぼる、手をついて斜面をのぼる、コンビカーを両足でこぐなど、体を動かす遊びも楽しむ。

保育の観点

- 指さしや行動から、伝えようとしていることを理解し、見守りの中で存分に探索ができるようにする。
- シャベルやバケツなど、選んで使えるようにし、保育者と一緒に砂で遊ぶ楽しさを味わえるようにする。
- 登る、滑るなど、新たな経験を大切にし、事故やけがに十分留意してそばで見守り楽しく遊べるようにする。

ね ら い	●身振りや指さしで伝えようとしていることを受け止め共感してもらうことで、安心して過ごせるようにする。 ●スプーン、フォークを使い、食べようとする。 ●戸外で砂や草花に触れ、探索を存分に楽しむ。
内 容（養護・教育）	●言葉（単語）や指さしにタイミングよく応えることで、安心して過ごせるようにする。 ●眠い、おなかがすいたなどのサインには、速やかに対応し、気持ちよく過ごせるようにする。 ●手づかみ食べをするとともに、スプーン、フォークにも興味をもち、使おうとする。 ●戸外での探索活動を存分に行い、草花や砂などの自然物に触れて感触を味わう。
保育者の援助・配慮	●言葉や指さしで伝えようとしていることをくみとり、代弁し応えていく。 ●食事中に眠くなった時は、口の中に食べ物がないか確認し、寝かせる。すっきり目覚めた後に、空腹を満たすようにする。 ●スプーンとフォークを握ろうとする時は、保育者が手を添えて食べられるようにし、スプーンで食べられたという満足感を味わえるようにする。 ●コップに注ぐ量を少なくし、大きく傾けて一人で飲めるようにする。この時、さり気なくコップに手を添える。 ●好きなところで自由に、のびのびと遊べるように、探索活動範囲の安全点検を行う。 ●興味をもった自然物や砂などに触れ、性質や感触を味わえるようにする。 ●戸外遊びでは汗をかくため、水分補給や衣類の調整を行う。また、必要に応じてシャワーで汗や汚れ（砂等）を落とし、気持ちよさを感じられるようにする。 ●言葉や指さしで保育者に伝えようとしている時は、興味の対象が何かをとらえ、すぐに応答する。
保護者との連携	●午前寝した際は午睡も遅くなり、食事の時間がずれるため、一日の生活の流れを伝え、家庭の生活につなげてもらう。 ●汗や外遊びで着替えの回数が増えるため、多めに補充することをお願いする。

書き方のポイント

こぼさないで飲める一口量にし、一人で飲めたという体験を大切にしています。

4月
5月
6月
7月
8月
9月
10月
11月
12月
1月
2月
3月

とわちゃんの振り返り

●言葉や身振り指さしなど、それぞれの場面での欲求をくみとり、関わったことで、自分の欲求を訴えることができている。欲求が伝わらない時は大きな声で泣くことがあるが、悔しい気持ちを察し、意図が伝わっていることを子どもに伝えるとわかるようになってきた。

●スプーン、フォークは握ることが持続しない。スプーンを使うことにこだわらず、食事そのものを楽しめるように援助する。

●石や砂で遊ぶ時は、座りこんでじっくりと遊んでいた。ほかの遊びは動きまわって遊ぶ姿もある。戸外では目にするものに興味をもち探索していたが、一つのことに興味を向ける新たな姿がある。

🏠 生活面 ✦

子どもの姿

- 睡眠のリズムが定着していないので、眠ったまま登園したり、登園後すぐに眠くなり、寝る。
- ミルク（哺乳びん）を見ると手足をバタバタして喜び、保育者の目を見ながら飲む。他児が食事をしている姿を見つめ、口を開けて食べるまねをしている。
- 家庭では離乳食を開始し、喜んで食べている。
- おむつを交換する場所に、あおむけに寝かせると、すぐに寝返りをする。

保育の観点

- 表情、機嫌から眠いサインをくみとり、速やかに眠れるようにする。
- 手をバタバタしてミルクを飲める喜びを表すので、その喜びを言葉にして受け止め、ゆったりと授乳し満足するまで飲めるようにする。
- 離乳食を始めたため、便の状態や回数など健康状態を把握し、小さな異変を見逃さないようにする。
- あおむけになるとすぐに寝返りするので、排便の際は、手袋やおしり拭きなどの必要なものをしっかり準備し、速やかに行う。
- モビールやおもちゃを使用し、やさしく名前を呼んで話しかけるなど、おむつ交換への抵抗を少なくする。

🎵 遊びの面 ♪

子どもの姿

- 寝返りをくり返し、転がって移動する。
- 腹ばいの姿勢になると、近くにあるおもちゃなどをつかんだり、かんだり、なめたりして、感触を楽しんでいる。
- 支え座りでガラガラなどを持つと手を動かし、音がすると見つめたり、振って遊んでいる。
- 保育者と目が合うと、「うーうー」と盛んに声を発し、甘えや欲求を伝えようとする。

保育の観点

- 声の出し方や表情など、抱っこしてほしい、遊んでほしいのサインに特に丁寧に応答して、保育者との信頼関係が深まるようにする。
- 寝返りや転がって移動できるよう、安全なスペースを確保するとともに、保育者の声やおもちゃで動きを誘い、ずりばいを促す。
- ゴム製の積み木や木製のおもちゃなど、消毒済みの口に入れても壊れにくいおもちゃを手の届くところに置き、様々な感触に触れられるようにする。
- 音の出るおもちゃや動くおもちゃなどの音を聞き、楽しいと声を出したり身振りをするので、丁寧に応える。

ね ら い	● 甘えや欲求を受け止めて、安心して過ごせるようにする。 ● 睡眠や食事の欲求をタイミングよく応じてもらい、機嫌よく遊べるようにする。 ● 寝返りやお座りから腹ばいで移動運動を行う。 ● 様々なおもちゃに触れ、楽しく遊ぶ。
内 容（養護・教育）	● 表情やしぐさから欲求が伝わっていると感じられるようにする。 ● ぐっすり眠り、ミルクを十分に飲み、機嫌よく遊べるようにする。 ● できるようになった動きを盛んに行い、体を動かすことを楽しむ。 ● 身近にある様々なものをつかんだり、口に入れたりして感触を楽しむ。
保育者の援助・配慮	● 目を見てやさしく受け止め、欲求や思いを満たせるよう、ゆったりと向き合い、抱っこしてやさしく話しかけ応える。 ● 家庭での睡眠の状態や授乳の時間を把握し、眠そうな時は速やかに眠れるようにし、目覚めて機嫌よく飲めるようにする。 ● 腹ばいの姿勢の目線の先に興味のあるおもちゃを置き、呼びかけたりして誘い、腹ばいでの移動を促す。 ● ふれあい遊びなどを通して保育者と信頼関係を築くことができるようにする。 ● 体勢を変えのびのびと動けるよう、周囲が安全であるように整える。 ● なめたりかんだりして遊べるように、ゴム製や木製など、様々な素材のおもちゃを用意する。 ● かんだりしゃぶったりするおもちゃは壊れにくいものを用意し、使ったあとすぐに、丁寧に消毒を行う。
保護者との連携	● 園で過ごす時間が長くなり、睡眠と食事のリズムが家庭での生活に連動し安定して生活できているかどうか、夜泣きなどに表れていないか、情報を共有する。 ● 目覚めの時間を伝えてもらうことにより、眠いサインを見逃さず、タイミングよく関わる。 ● 腹ばいになったり、腹ばいで移動することもあるので、子どもの育ちの姿を伝えて保護者と喜び合う。

書き方のポイント

乳児の食事は機嫌よく食べる（飲む）ことが大切であり、眠そうなときは眠ること、目覚めてスッキリすることで飲んだり食べたりすることができる配慮が示されています。

4月
5月
6月
7月
8月
9月
10月
11月
12月
1月
2月
3月

ひなのちゃんの振り返り

● 抱っこしてほしいなどの甘えは、声や体位を変えて保育者に向かう。丁寧に受け止めることで安心して過ごせるようになってきた。

● 家庭での生活リズムと連動した援助をすることで、睡眠と食事のリズムが定着し気持ちよく過ごせている。

● 離乳食（2回食）が始まったが、離乳食とミルクのタイミングがかみ合わず、不快な思いをさせることがあったので、離乳食の時間を考え、ミルクの準備をしっかりと行う。

● さわりたいものが目に入るとつかんだり、引っ張ったりしている。おもちゃを目線に合わせて設定することで、ずりばいでの動きを促す。

クラスにおける子どもの姿

健康・情緒 ♥♥

◎ 担当保育者の後追いが見られるが、ほんの少し受け止めてもらうことで機嫌がよくなり、安心して過ごせるようになってきた。暑さによる疲れ、皮膚のトラブルが見られる。

高月齢

● 好きな保育者に甘え、やさしく受け止めてもらうことで安心して過ごしている。

● 汗をかくので、着替えや水分補給をし、心地よく過ごす。

● 戸外で遊ぶ機会が増え、虫刺され、あせもなどの皮膚トラブルが見られるので、家庭と連携して予防や早期治療し、気持ちよく遊ぶ。

● 歩ける子が増え、段差や高いところなどを好んで歩いている。

低月齢

● 担当の保育者が安全基地として定着しつつあり、そばを離れようとすると、後追いする。

● 汗をかきやすく、あせもができやすいため、沐浴したり、こまめに着替えたりする。皮膚のトラブルが少なくなると機嫌よく過ごせる。

● 腹ばいにすると旋回して前に進もうとする。ずりばいで移動する。お座りが安定し、両脇を支えると足を伸ばして立とうとする。

生活環境
（保育環境・
清潔・安全等）

◎ 暑い日は、エアコンを使用し快適に眠れるようにする。

◎ エアコンを使用する際は、体感温度、室温計をもとにこまめに調整（26〜28℃ぐらい）を行う。狭いほふく室は、子どもが寝ている高さに温湿度計を置く。

◎ 歩ける子が増え活発になるため、廊下など、保育室以外でも存分に体を動かせるようにする。衛生面、安全面に配慮し、消毒できるマットなどを使用する。

◎ 熱中症対策として、戸外、ベランダには遮光ネットを張る。

◎ 沐浴やシャワーなどの回数が増えてくるため、沐浴槽を常に清潔にする。

生活
（睡眠・食事・排泄）

◉ 離乳食は中期食を食べる子が多くなり、手づかみ食べをするようになった。暑さで熟睡できず、眠くて活気のない日もあるが、一人ひとりの体調に合わせた生活リズムで、ゆったりと過ごす。

高月齢

● 担当保育者であると安心して眠り、担当保育者を見ると機嫌よく目覚める。

● 水遊びをすると、さっぱりして気持ちよいので自然と入眠できる。食事の途中で疲れて眠ってしまうことがある。

● 手づかみとスプーン、フォークを併用し、好きなものから選んで食べている。

● 排泄の間隔が決まってくる。おむつの交換を呼びかけると、自分のおむつを取りに行く。

低月齢

● 睡眠途中にぐずって目を覚ますことがある。夜寝苦しく熟睡できない子もいる。エアコンで室温を調整すると眠れる。

● 食事用いすに座ることに抵抗を示す子は、保育者のひざに抱っこすると落ち着いて食べる。舌で食べ物をつぶし、様々な食材を食べる。

● 便が固形便になってきているが、時には下痢便や未消化便など、いつもと違う様子が現れることもある。

遊び

◉ 猛暑のため、日中は室内やベランダで遊ぶことが多い。朝夕の涼しい時間帯に戸外で遊んだり、ベビーカーに乗って園庭を散歩する。

高月齢

● 沐浴やベランダでタライを使用しての温水遊びを喜び、自ら温水に触れてみようとする。

● 一人で歩くことを喜んでいる。歩くことに慣れてきた子は、自由に行きたいところへ歩くことを楽しんでいる。

● 砂場では、砂の感触に触れ、シャベル、バケツを使って遊んでいる。

● チェーンやホースなどを、入れ物に入れたり（落としたり）出したりしてくり返し遊ぶ。

低月齢

● 朝夕に、涼しさを感じられる日陰を選び、ベビーカーに乗って園庭を散歩する。戸外で見るものに興味をもっている。

● 腹ばいで目の前のおもちゃまで動こうとしたり、ずりばいで体を動かしたり、行きたいところへ動こうとする。

● ぶら下がっているものや、入れ物の中の布をつかんだり、引っ張ったりして遊んでいる。

● ガラガラを両手に持ち、振って音を楽しんでいる。右手と左手で持ち替えながら遊ぶ。

個別の計画へ

4月
5月
6月
7月
8月
9月
10月
11月
12月
1月
2月
3月

7月 個別の計画 | とわちゃん（1歳3か月）

🏠 生活面 ✨

子どもの姿

- 午前中に眠くなり保育者に抱っこされると安心してあっという間に眠る。

- 手づかみとスプーン、フォークを使って食べようとする。すくえないことがあるが、うまくすくえるとうれしそうに食べる。

- 食べたいものから先に手を伸ばし、食べたくないものは首を振って拒む。

- 時々ではあるが、おむつをさわり、「チッチ」と知らせるようになる。

保育の観点

- 朝の目覚めの時間やその日の体調から眠くなることを予想し、眠い時に気持ちよく眠れるようにする。活動の後は水分補給を行う。

- スプーンとフォークですくったりさしたりを試し、使い方を獲得しようとしている。すぐに援助せず、援助を求められた際は手を添えて一緒に使い、食べられたという満足感を得られるようにする。

- 食べたいものから食べようとする気持ちを受け止め、食べることの喜び、楽しさを感じられるようにする。

- おむつをさわって知らせてきた時や、いきんでいる時は、「チッチ出たの？」「ウンチ出たね」など、伝わっていることを言葉で伝える。

🎵 遊びの面 ♩

子どもの姿

- 戸外では、砂利道や畑のでこぼこしたところを歩いてしりもちをつくこともあるが、起こすとまた歩いて楽しんでいる。

- 砂場では、シャベルで砂を突っつく。また、砂型に砂を入れてひっくり返して見せると、手で崩し、「もう一回」というように容器を保育者の手元に持ってくる。

- 沐浴、シャワーでは、「ジャージャー」と温水を言葉で表現し、シャワーから出る温水に手を伸ばし触れて楽しんでいる。

保育の観点

- 平らな道だけでなく、砂やなだらかな傾斜、砂利などのでこぼこ道など、保育者の見守りの中で、様々な場所を歩く経験し、運動機能の発達を促す。

- 砂のやわらかさ、砂利のでこぼこなど、さわり心地や足で踏んだ際の感触を楽しんでいることに、保育者も共感の言葉を添える。

- 砂遊びでは、くり返しを楽しみ、満足するまで一緒に遊ぶ。

- 温水遊びでは、ベビーバスを利用し、沐浴と同じような感覚で遊べるようにする。保育者はその場を離れない。

ねらい	●欲求を指さしや言葉で表したら応答的に関わり、安心して生活するようにする。 ●手づかみ食べを十分に行い、スプーン、フォークで食べることを楽しむ。 ●温水や砂などに興味をもち、感触を楽しみ遊ぶ。
内容（養護・教育）	●欲求を指さしや言葉で伝え、保育者に伝わる喜びを味わう。 ●生活の流れの中で、保育者のしぐさや振る舞いをまね、保育者と一緒に行おうとする。 ●好きなものから、スプーン、フォークで食べることを喜ぶ。 ●温水、砂に触れ、ひんやり、さらさらなど様々な感触を楽しめるようにする。
保育者の援助・配慮	●遊んだ後は、水分補給と休息を行う。 ●表情やしぐさ、指さしで伝えようとしていることを言葉で丁寧に応える。 ●怒る、泣くなどで意図を伝えようとしているので、抱っこなどで受け止め、「○○したかったんだね」と代弁し、安心して気持ちを表出できるようにする。 ●好きなものから食べようとすること受け止め、食事が楽しいひとときであるようにする。 ●スプーン、フォークを使いたがる時は見守り、援助を求められたら、手を添え、一人で食べる喜びを味わえるようにする。 ●砂や水遊びなどで夢中になっている時は、満足するまで遊べるように見守る。 ●ベランダにベビーバスを置き、沐浴と同じようなイメージで自然に遊べるようにする。
保護者との連携	●苦手なものを残し食事量が少ない日があるため、家庭でおなかが空いて機嫌が悪くなるなどの様子がないか確認してもらう。 ●温水遊びや沐浴を行えるか、その日の体調を詳しく聞く。

書き方のポイント

乳児期の食事のねらいである「楽しくおいしく食べる」ことが書かれています。好きなものを一人で食べるワクワク感を大切にしましょう。

4月
5月
6月
7月
8月
9月
10月
11月
12月
1月
2月
3月

とわちゃんの振り返り

●欲求を言葉で伝えようとすることが増えているが、不快なことがあるとその場に座り込み、大きな声で泣くなど、気持ちを表出している。担当保育者が感情や欲求を代弁することで、安定するようにする。

●暑さで食欲が落ちているので、食べたいものから先に食べることで、食事が楽しみとなるようにする。自我の芽生えにより、こだわりが出てくる時期であるが、食べる喜びを感じられるようにする。

●温水に対しての抵抗もなく、「ジャージャー」と、自ら温水に手を伸ばして遊ぶ姿が見られた。手だけでなく、ベビーバスに足や体を入れ、温水に入って（座って）遊ぶ。手足を動かして水しぶきや音を楽しむことができた。今後はおもちゃを用いることで、砂や水に対する興味を広げる。

7月 個別の計画 | ひなのちゃん （7か月）

生活面

子どもの姿

- 汗をかきやすい季節になり、暑さで寝苦しさを感じると、寝返りが頻繁になり、泣いて起きることがある。
- 2回食になり離乳食は、スプーンを口に近づけると、口をあけてスプーンをくわえ飲み込んでいる。
- 離乳食を食べるようになり、軟便だけでなく固形便も見られる。
- 保育者の顔がわかり、少し離れたところから声をかけると笑う。保育者がそばを離れようとすると、泣く。

保育の観点

- 身近にいる保育者の顔がわかるようになり、だれが信頼できる大人なのか、見分けるようになってきた。
- 午睡後や汗をかいた際は、首元や背中など、あせもができやすいところを丁寧に拭く。おむつかぶれがないか確認し、清潔を保つ。
- 寝苦しそうな時は室温を調整する。泣いて起きても目を開けず眠そうな時は、抱っこでそっとゆらゆらし、十分に眠れるようにする。
- 食べられる食材や形状は、子どもの表情を確認しながら選んでいく。
- 離乳食の進め方の判断をするひとつの方法として、便の状態をよく観察する。

遊びの面

子どもの姿

- ベビーカーで散歩に出かけると、3歳以上児の姿をじっと見ている。
- お座りの姿勢からずりばいになり、さわりたいものや目標の場所まで移動する。時々、おしりをあげてハイハイの体勢になる。
- ぶら下がっているおもちゃや布をつかんで引っ張り、なめたり、かんだりして遊んでいる。

保育の観点

- 子どもが興味をもって見ているもののところで、足を止めて言葉をかけたり、近くに行って見せたりする。
- 壁面などを利用しておもちゃを設定し、自分で動いてみようという気持ちをもてるようにする。また、広いスペースを設けることで、存分に体を動かし、ハイハイを促す。
- ずりばいする時に、視界に入りやすいような場所に、つかんだり、引っ張ったりして楽しめるものを用意し、興味を広げる。

ねらい

- 担当保育者と遊んだりすることで、安心して生活できるようにする。
- 離乳食に慣れながら、睡眠と食事のリズムを整える。
- 沐浴やシャワーをする心地よさを感じる。
- ずりばいで体を動かし、ハイハイができるようにする。

内容（養護・教育）

- 眠る・食べるにタイミングよく応じて、担当保育者とのふれあい遊びなどを通して心地よく生活できるようにする。
- 様々な食材や舌触りに慣れ、一日2回の食事のリズムになっていくようにする。
- 暑い日は保育者と一緒に温水に触れ、汗を流し、気持ちよく遊ぶ。
- 興味や関心のあるところに自由に行き、動けることを存分に楽しむ。

保育者の援助・配慮

- ふれあい遊びでスキンシップをとるとともに、離れたところからほほ笑んで名前を呼んだりして、見守られていることを体感し保育者への愛着が深まるようにする。
- 家庭で食べているようにひざの上に抱っこし、初めての味に慣れていくようにする。
- 食後はたっぷりと満足するまでミルクを飲ませ、便の状態を見ながら、離乳食の量を少しずつ増やす。
- 暑い季節は食中毒の心配もあるため、食事の時間がずれる場合は一定時間、離乳食を冷蔵庫で保管する。
- 体調、機嫌を見て、手や足、おなかなど、少しずつお湯に触れ沐浴に近い遊びをし、気持よく過ごすようにする。
- ずりばいをした時の目線の高さやベビーベッドの柵、壁面に、つかんだり引っ張ったりできるものを用意する。
- 手で体を支える、足で踏ん張るなど、ずりばいを十分に経験できるようにする。

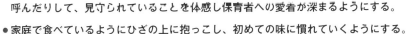

書き方のポイント

眠っていて食事の時間がずれたときの対応が示されています。

保護者との連携

- 調理室の職員も一緒に、家庭での離乳食の様子や形態を詳しく聞き、食材や調理形態を工夫し、離乳食の情報を共有する。
- 初めて食べる食材は家庭で試し、食材チェック表に記入してもらい、アレルギー反応や便の状態を確かめ合う。離乳食は慎重に進める。
- 皮膚を清潔に保つために着替えや沐浴を行うので、着替えの服を多めに用意してもらう。

4月 5月 6月 7月 8月 9月 10月 11月 12月 1月 2月 3月

ひなのちゃんの振り返り

- 保育者とのふれあいの中で、関わる保育者に対して愛着が見られるようになった。また、人見知りが始まり、初めて見る保育者の顔を見つめて様子をうかがい、見分けがつくようになってきた。
- その日の睡眠時間により、食事の時間がずれることがあったが、離乳食、ミルクを目覚めている時間帯にし、2回食を進めることができた。今後は形態をステップアップする。抱っこから食事用ラックにも機嫌よく座り食べることができている。
- ハイハイするようになり、行きたいところへ行き、目的のところでお座りしておもちゃでしばらく遊ぶので、引き続き、体を存分に動かし、探索を楽しめるようにする。

8月

クラスにおける子どもの姿

健康・情緒

◉ 子どもたちは暑くても戸外に出ることを喜ぶ。日よけの下ではなく、陽ざしの強いところに出て遊ぶ。日光に当たるだけでも体力が消耗するため、水分補給と休息のバランスをとり、メリハリのある生活リズムで心地よく過ごす。クラス担任がいれば、担当外の保育者の援助も受け入れ、安心するようになった。

高月齢

● あせもや虫刺され、とびひなど、皮膚トラブルが見られる。沐浴やシャワーで皮膚を清潔にし、必要に応じて処置することで気持ちよく過ごせている。

● ひざの上に座ったり、抱っこを求めたり、担当保育者に甘えたり離れたりする。自己意識もはっきりし、保育者を独り占めしたくて、他児とのトラブルが見られる。

● 友だちを指さして名前を呼び、関わりを求める。

● 一人で歩くことを楽しんでいる。また、のぼれそうな高さの場所や台を見つけると、自分でのぼろうとする。

低月齢

● おでこ、首、背中はあせもでおむつかぶれになりやすい。沐浴やシャワーで汗を流すことで皮膚を清潔に保ち、気持ちよく過ごせている。

● 担当保育者を見るとうれしそうに笑い、抱っこを求める。知っている人と、知らない人の区別がつくようになり、人見知りをする子もいる。

● ずりばい、ハイハイが盛んになり、自由に行きたいところへ行き、体を動かしている。

生活環境
（保育環境・清潔・安全等）

◉ 保育室が暑く、眠れない場合はエアコンを使用し、気持ちよく過ごせるようにする。冷え過ぎて外気温との差が大きくならないように、設定温度をこまめにチェックする。

◉ 戸外に出る際は、帽子を嫌がる子も多いため、ベビーカーの日よけや遮光ネット、木陰を利用する。

◉ 暑い日は特に水分補給をこまめに行い、気持ちよく過ごせるようにする。

◉ 温水遊び、沐浴の際は、一人ひとりの健康観察をしっかり行い、体調を確認する。遊んでいる時は目を離さず、そばで見守る。

◉ 一人ひとりが温水遊びを楽しめるように、タライやベビーバスを人数に合わせて用意する。

◉ 温水遊びは、ベランダの日陰を利用して行う。使用するタライやベビーバス、おもちゃは、次亜塩素酸で消毒し、温水30〜35℃、深さ5cm程度とする。

◉ 歩けるようになり、存分に探索活動ができるように、安全な環境を整える。

生活
（睡眠・食事・排泄）

◉ 暑さや体調によって睡眠時間、食事の量に違いがあるので、一人ひとりの機嫌をよく見てサインをくみとり、気持ちよく過ごせるような生活の流れにする。

高月齢

● 体をたくさん動かして遊んだ日は、食事中に眠くなる子もいる。保育者におんぶや抱っこをしてもらうことで安心して一定時間眠る。

● 暑さにより、汁物（水分）や麺類をほしがったり、ご飯を残したりなど、食欲にむらがある。いたずらでこぼすこともなくなり、コップでこぼさずに飲むことが増えてきた。

● 尿意や便意をもよおすと立ち止まったり、表情が変わったりする。特に、排便の際はいきむので、排便だとわかるようになってきた。

低月齢

● 午前中は眠らず遊べるようになってきたが、食事の前後に眠くなってしまう。眠くなるとぐずり、抱っこやおんぶをしてもらい、ようやく眠る。

● 離乳食は野菜やおかゆのほか、鶏肉、白身魚、パンがゆなど、食べられる食材が増えてきた。離乳食も喜んで食べるが、ミルクを見るとうれしがる。

● 離乳食で食べられる食材、量が増えたことで、食後の排便のリズムが定着してきた。

遊び

◉ 担当保育者に、一緒に遊ぼうと誘いかける。温水遊びや沐浴で温水への興味をもち、温水で遊ぶことを喜ぶ。

高月齢

● 気温が高くない朝夕の時間帯に、中庭や乳児用園庭で、砂遊びや散策を楽しむ。

● 歩ける子は、ベランダでタライに温水を入れて遊ぶ。温水に抵抗はなく、用意したスポンジ、ペットボトル、ボールなどのおもちゃを使っている。

● 部屋からベランダ、廊下など、行きたいところへ自由に歩き、低い階段などにのぼったり、散策をしたりして楽しんでいる。

低月齢

● 涼しい時間帯に園庭を散歩し、木陰や遮光ネットの下で止まり、景色を見て楽しむ。

● 体調がよければ、沐浴を行い、さっぱりする。温水遊びも保育者と一緒に楽しむ。温水に触れることを喜んでいる。

● ずりばいやハイハイで好きなところへ移動し、おもちゃで遊んだり、目についたものに触れたり、探索を楽しんでいる。

● やわらかい布を頭にかぶったり、顔を出したりして楽しむ。

個別の計画へ

4月
5月
6月
7月
8月
9月
10月
11月
12月
1月
2月
3月

8月 個別の計画 | とわちゃん（1歳3か月）

🏠 生活面 ✨

子どもの姿

- 食事の後、眠くなると担当保育者の抱っこで眠る。
- 食事用ラックから水色のラックを選んで座る。エプロン入れのカゴから、自分のエプロンを指さし、渡すと自分で広げてつけようとする。
- みそ汁や麦茶をスプーンですくって飲もうとする。
- トイレの場所がわかり、「チッチ」とトイレを指さしている。
- 行きたいところがあると指さし、嫌なことには「いやいや」と首を振る。

保育の観点

- 午後一回の睡眠で過ごす日が増えるが、その日の体調、活動に合わせ、眠い時には眠れるようにする。
- 自分の持ち物がわかるので、エプロンのカゴを手の届くところに置き、自分で取れるようにする。
- 暑い日が多いので、こまめに水分補給を行う。
- 汁物は、口に運ぶまでにこぼれてしまうことが多いが、自分ですくうことを見守り、一人で飲めた満足感を味わえるようにする。
- 保育者と一緒にトイレをのぞいたり、入ってみたりする。
- しぐさや言葉で伝えようとするので、丁寧に応答する。

🎵 遊びの面 ♪

子どもの姿

- 温水の入ったタライの中に座り、手足を動かし、スポンジやペットボトルのおもちゃで遊んでいる。
- シャベルで砂をすくい、バケツや砂型に入れて遊ぶ。
- テーブルを拭く、洗濯物を干す、たたむなど、保育者の行動をまねる。
- 保育者の問いかけに対し、「うん」「ううん」で応答する。保育者が代弁した簡単な言葉をまねる。
- 「○○ちゃんは？」など、友だちの名前を言うと、指さす。

保育の観点

- 手足だけでなく、体も温水に触れ楽しめる。水が少量でも危険が伴うため、目を離さない。
- シャベルや砂型の数を多めにそろえ、選んで使えるようにする。
- 行動をまねする時は、行動を言葉で伝えたり、「ごしごし」など動きに言葉をつけることで、模倣の楽しさを感じられるようにする。
- 友だちに興味が出てきた。指さしには丁寧に応答し、「○○して遊んでいるね」など、具体的に話し応える。

ねらい	● 思いやこだわりを丁寧に応えてもらうことで伝わったと感じ、安心して過ごせるようにする。 ● 食具を使って一人で食べる。 ● 保育者と一緒に、水や砂に触れて楽しむ。
内容（養護・教育）	● 表情やしぐさ、簡単な言葉の意図や願いが伝わり、受け止められていることを感じ、安心できるようにする。 ● スプーンですくい、おかずやご飯を一人で食べる。 ● 保育者と一緒に、温水や砂の感触に触れて楽しむ。
保育者の援助・配慮	● 指さしや身振りに、「○○なの」「どうしたの？」などとタイミングよく代弁し、問いかけし、子どもの意図や願いに応じるようにする。 ● 何をしたいのか子どもなりにはっきりしており、「いや」「あっち」などと表すので、願いをかなえ、やりとりができるようにする。 ● 汁物中心に食べがちであるが、汁物以外も食べようと誘いかける。ご飯、おかずを無理のないように勧める。 ● 食欲があり、もっと食べられそうな時は、おかわりをもらえるようにする。 ● 食後、汁物で口のまわりが赤くなりやすいため、おしぼりでふいた後に温かいおしぼりでもう一度丁寧に拭く。 ● 友だちがしている遊びやおもちゃに興味を示した際、一緒に遊べるようにおもちゃの数をそろえる。 ● スポンジやペットボトルのシャワー、カップなど、手に持てる大きさの容器を準備し、温水遊びをより楽しめるようにする。 ● ベビーバスから出たり入ったりするので、足をすべらせたり、転倒したりしないよう、いつでも手を添えられるようにする。
保護者との連携	● 食事が進まなかった日は、献立（食べたもの、量）、調理形態をできるだけ詳しく伝え、家庭での献立や調理形態と比べ、進まなかった理由を把握する。 ● 沐浴、温水遊びを行うため、体温、鼻水、せき、食欲など、体調を詳しく聞く。 ● お盆の長期休み明けの体調や生活リズムについて把握し、保育内容を考える。

書き方のポイント

顔を拭かれることを嫌がる子どももいます。温かいおしぼりで「あったかいね」「気持ちがいいね」と拭いてもらうことで、顔拭きは気持ちのよいこととイメージすることになるでしょう。

とわちゃんの振り返り

● 自分の気持ちがはっきりしてきたので、目を見てゆっくりと聞く姿勢をとるように心がけた。きちんと向き合うことで、聞いてもらえるという安心感をもてたようである。言葉で伝えられないことは、保育者が代弁すると「うん」「うんん」で応え、伝わると満足そうな表情が見られた。

● エプロンやおしぼりを手の届くところに置き、自分で拭くことができるようにする。

● 味の違いがわかるようになり、食べるものを選ぶなど育ちの過程に入っている。食欲のむらを見守りながらほかの食品を勧め、スプーンで一人で食べる楽しさを味わえるようにする。

● 温水遊びができない日は、沐浴、シャワーで温水に触れる機会を設けた。沐浴でも、スポンジやボールを押し（沈めようとし）戻ってくる様子を見て、くり返し楽しむことができた。

8月 個別の計画 | ひなのちゃん （8か月）

🏠 生活面 ✨

子どもの姿

- 午前中に眠くなった時は、少し眠ると機嫌よく目覚める。
- 離乳食を、「んっん」と言いながら喜んで食べる。粗つぶしを舌ですりつぶして食べられるようになっている。
- ハイハイができるので、おむつ替えの時に起き上がり、動きたがる。
- 人見知りが始まり、なじみのない職員を見ると泣き、担当保育者の後追いをするようになった。

保育の観点

- 夜の睡眠状態に合わせて、眠くなる時間を予測し、眠くなった時にタイミングよく眠れるようにする。
- もっと食べたいという気持ちを受け止めつつ、一口分をゆっくりと食べさせるようにし、「もぐもぐ」と口の動きを伝えるようにする。
- 安全を考え、おむつ替えの台ではなく、床にマットを敷いて、手早く替える。
- 人見知りや後追いが成長の一過程であることをふまえ、こだわりを受け止める。

✦ 遊びの面 ♪

子どもの姿

- ずりばいからハイハイになり、行きたいところへ移動し、チェーンやガラガラなどを振って遊んでいる。
- 好きなおもちゃを見つけるとハイハイで取りに行き、遊ぶ。振ったり、たたいたりして楽しんでいる。
- ベビーカーで園庭の散歩していると、幼児組のほうに行ってほしいというしぐさをする。
- 沐浴をすると、保育者の顔を見ながら温水に手を伸ばしている。

保育の観点

- ハイハイを十分に、また安全に行えるよう、歩ける子と遊ぶ場所を分ける。
- さわってみたいと思えるように、引っ張ったり音が出たりする動くおもちゃを用意する。
- 戸外に出る際は、涼しい時間帯や日陰を利用する。また、ゆっくりとベビーカーを動かすようにし、興味や関心をもって目で追っているものがある時は、足を止めて「〇〇だね」と言葉をかける。
- 温水に触れ水の感触を確かめようとしているので、存分に感触を味わえるようにする。水の量や温度を確認する。

ねらい	●担当保育者に甘えを受け止めてもらい、安心して過ごせるようにする。 ●離乳食に慣れ、喜んで食べる。 ●沐浴やシャワーで温水に触れて楽しむ。 ●ハイハイで行きたいところに行き、動くことを楽しむ。
内容（養護・教育）	●人見知りによる不安や保育者への甘えやを受け止めてもらうことで、担当保育者との愛着関係を深める。 ●初めての食材、形態に慣れ、離乳食を喜んで食べる。 ●シャワーの湯に手を伸ばすなど、温水に興味をもち触れようとする。 ●興味のある場所やものに向ってハイハイし、移動を楽しむ。
保育者の援助・配慮	●担当保育者以外が近づいてくると、人見知りをして遊べなくなり、抱っこを求めるので、抱っこをする。保育者を目で追っている時は、離れていてもしっかり目を合わせる。 ●離乳食の中期になり、固形物は子どもと一緒にもぐもぐと口を動かし、舌でつぶしてごっくんとして見せる。 ●新しい食材は、アレルギー反応の有無を家庭で確認してもらう。食材によっては食べやすいように小さく切るなど、調理担当者と話し合う。 ●こまめに体調を確認するとともに、沐浴の前にもう一度、鼻水や熱など、体調の変化がないか確認する。 ●温水で遊んでいる時は、「シャワシャワだよ」など、手で触れた時に感じられる言葉を伝え、興味をもち楽しめるようにする。 ●チェーンやガラガラをめがけたり、ソファーやベッドの下に空間を見つけたりして、ハイハイを楽しめるようにする。
保護者との連携	●離乳食が進み、食べられるものも増えてくるが、アレルギーなどの心配があるため、食材チェック表の記入をお願いし、形態については、写真などで確認し合う。 ●お盆休み中の体調、生活リズムについて詳しく聞き、休み明けも気持ちよく過ごせるようにする。

 **書き方のポイント**
食品アレルギーに対する具体的な取り組みが示されています。

ひなのちゃんの振り返り

●人見知りをし、担当保育者の後追いをするようになってきた。人見知りは成長の表れなので、担当者保育者が安心できる安全基地となる。

●離乳食に手を伸ばして食べる。食べる量も増えているので、来月は3回食を進める。食べ物に触れることが出てきているので、手でつかめそうな形態のものはテーブルに置き、手づかみ食べができるようにする。

●シャワーに触れるとうれしそうに笑うようになり、保育者も一緒に湯に触れて「シャワシャワ」と手を動かすと、声を出して笑い、楽しむことができた。

●ハイハイだけでなく、のぼったり、立ったりができるようになり、存分に探索を行えるようにする。

4月 5月 6月 7月 8月 9月 10月 11月 12月 1月 2月 3月

クラスにおける子どもの姿

健康・情緒
♥♥

◎ 朝晩は涼しいが日中は気温が高いので、温度差に対応できず体調を崩しがちである。低月齢児では担当保育者との愛着関係が形成され、高月齢児は、クラス担当がいれば安心して眠り、食べ、遊べるようになってきた。

高月齢

- 朝晩の温度差に体が追いつかず、夏風邪（RSウイルス感染症）などにより体調を崩し発熱、鼻水、せきなどの症状が見られる。
- 暑い日は、戸外遊びで汗をかき、砂で汚れるため、シャワーで汗や汚れを落とすことで気持ちよく過ごせている。
- 担当保育者が部屋を離れても、クラスに保育者がいれば「バイバイ」と手を振って遊ぶ。
- 「これがいい」「これはいや」とこだわりや自我が育っている。意図をくみとり代弁するが、納得いかないと駄々をこねて願いを貫こうとする。

低月齢

- 寝返りして布団をはぐるようになり、朝方の涼しさからか風邪ぎみで鼻水が出る子どももいる。
- 夏風邪（RSウイルス感染症）などで体調を崩し、せきが長引いている。
- 人見知りをし後追いをするが、担当の保育者がそばに来て声をかけるとすぐに落ち着く。
- ハイハイ、つかまり立ち、伝い歩きができるようになり、移動運動が盛んになる。

生活環境
（保育環境・清潔・安全等）

◎ 感染症予防のため、なめたり口に入れたりして遊んだおもちゃは、速やかに片づけ、他児が共有しないようにする。壁やおもちゃの消毒を朝と昼の2回行う。

◎ 体調がすぐれない子どもはこまめに検温し、睡眠時の呼吸や様子を確認できるように保育者の目の届くところに寝かせる。

◎ 戸外遊びは、予測される子どもの行動や遊びのエリアの安全を確認し、保育者の目が届くように少人数のグループ構成で外に出る。否定語を使わないようにし、のびのび遊べるようにする。

◎ 植物や砂などの誤飲に気をつける。汚れや鼻水など、いつでもふけるように、ティッシュ、ガーゼのハンカチなどを常に備える。

◎ 自分のエプロンを取ったり、自分で帽子をかぶったりできるよう、エプロンや帽子のカゴを手の届くところに置く。

生活
（睡眠・食事・排泄）

◉ まだ暑さが残っているが、涼しい日もあるので、戸外で十分に遊べるようにした。そのような日は、よく食べ、よく眠れている。低月齢児も離乳後期食になり、午前に眠らなくなったが、食事前に眠くなることもある。個々のリズムに応じて食べられるようにすることで気持ちよく過ごせている。

高月齢

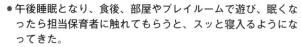
● 午後睡眠となり、食後、部屋やプレイルームで遊び、眠くなったら担当保育者に触れてもらうと、スッと寝入るようになってきた。

● 食べたいもの、食べたくないものがはっきりして、食べたいものだけ食べる。

● スプーンですくって食べようとするが、うまくすくえないものは手づかみで食べる。

● 尿意や便意は、「チッチ」と知らせたり、おむつをさわって気にしたりすることが増える。

低月齢

● 眠くなるとぐずり、担当保育者に抱っこを求める。抱っこやおんぶをすると泣き止んで一定時間眠る。食後、眠くなり、ミルクを飲みながら眠る子もいる。

● 離乳後期食になり、声を出して食べ物をほしがり、喜んで食べる。皿やスプーンに手を伸ばし食べようとする。ミルクの量が減ってきた。

● おむつ替え中に、寝返りしたり起き上がったりする。

● 排便のリズムが定着し、固形便が多くなる。

遊び

◉ 戸外で遊べるということを期待している。歩けない子も、ブルーシートを敷いて草の上をハイハイし、ベビーカーに乗って散歩を楽しんでいる。

高月齢

● 小石や松ボックリなどを拾い、見つめたり、握りしめたり満足そうにする。砂場では、スコップで砂や雨水をすくい、楽しむ。「コンビカー」や三輪車に乗り、足で地面を蹴って（こいで）進み、楽しむ。

● バッグやカゴにものを入れ、カバンを下げて、バイバイなど手を振ってお出かけのまねをする。

● 幼児クラスの運動会の遊戯や体操を見て、一緒に手や体を動かしている。

低月齢

● ハイハイしてきて保育者や低いテーブルを支えにしてつかまり立ちをする。パーテーションや手すりなどでは伝い歩きをする。

● 機嫌のいい時は、「マンマン、マンマン」などの喃語を発しながら一人遊びを楽しむ。

● ベビーカーで散歩し、ベランダに出ると植物に手を伸ばし、指さしをする。

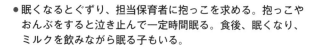

個別の計画へ

9月 個別の計画 | とわちゃん（1歳4か月）

🏠 生活面 ✨

子どもの姿

- 食事の準備を始めると、カゴから自分のエプロンを取り、好きな（水色の）ラックに座る。エプロンを首ではさんでかけたつもりで満足している。
- スプーンで上手にすくえないものは、手でスプーンにのせて食べ、満足している。
- 排尿をしぐさや片言で、排便はいきみながら「んっち」と知らせる。ズボンとおむつを自分で脱ぐ。
- 鼻水が出ていると伝えると、「ふーん」と鼻をかもうとする。

保育の観点

- 自分のものと他者のものの区別がつくので、エプロンやおしぼり、靴などを手の届くところに置き、目印をつけ取り出しやすくする。
- トイレ付近をオムツ替えの場所とし、トイレになじめるようにする。
- ズボンを一人ではこうとするので、足を通しやすくなるようにズボンを広げて置く。ズボンに手を添え一緒に上げ、はけたと感じられるようにする。
- 鼻を拭き、すっきりと気持ちよさを感じられるようにする。

🎵 遊びの面 🎵

子どもの姿

- 友だちと同じことをしたがる。友だちのものをほしがり、取り合いになる。
- バッグやカゴにチェーンを詰め込み、振って音を鳴らしたり、持って（下げて）歩いたりする。また、入れたものを取り出し、食べるまねをする。
- 幼児用園庭を指さし、「あっち」と行きたがる。幼児の姿を立ち止まって見つめ、まねている。
- 「コンビカー」や三輪車（ペダルなし）に乗り、足で地面を蹴って進む。

保育の観点

- 友だちと同じ遊びをしたくなることも成長の過程であることから、同じことをしたいという子どもの気持ちを代弁し伝える。子ども同士のやりとりの仲立ちをするとともに、おもちゃを用意する。
- カゴやバッグなど、たくさん入れる用具は様々な形態のものを用意し、入れ方の工夫も楽しめるようにする。
- 曲に合わせて体を動かすことを楽しんでいる。年長児の動きをまねる機会は運動会前のこの時期であることから、じっくりと見て楽しめるようにする。

ねらい	● しぐさや言葉に表れる子どもの意図や願いを、十分に受け止める。 ● スプーンや手づかみで食べる。 ● 排泄したことを伝え、トイレに慣れる。 ● 戸外で存分に探索活動を楽しむ。
内容（養護・教育）	● 思いや欲求が通じるという安心感をもてるよう、丁寧に受け止め応え、存分に気持ちを表出できるようにする。 ● スプーンや手づかみで一人で食べられることを楽しむ。 ● トイレをのぞき、トイレに行ったりしながら、トイレに興味をもつ。 ● 自然物や生き物を見たり触れたり、乗り物に乗ったりして遊ぶ。
保育者の援助・配慮	● 思いや願いをしぐさなどからくみとり、タイミングよく応えることで、願いは他者に伝わるという体験をできるようにする。 ● 汁物を中心に食べるので、汁物以外も食べるように促す。好きなものから食べるのは、この時期の発達の姿であることから、好きなものをおいしそうに食べている時は、「おいしいね」と共感する。 ● 尿意や便意を知らせた時は、トイレの近くでおむつ交換をして友だちがトイレに行く姿が見えるようにし、トイレという場所に興味をもてるようにする。 ● ごっこ遊びや探索を通して友だちと遊ぶ楽しさを味わうとともに、自分の願いを表情や言葉で表し、やりとりできるようにする。 ● 興味をもっているところに小走りで行き、指さしで伝えようとしていることに共感する。 ● 植物や生き物を見つけ、興味を示すものを一緒に見て、気づきや発見のやりとりをする。 ● 三輪車（ペダル無し）や「コンビカー」に乗る際は、転倒しそうな時などにすぐ支えられるよう、そばを歩く。 ● 戸外での遊びは、どこでどのように遊ぶかを予測し、保育者がそれぞれの場所にいるようにしながらも、のびのびと遊べるようにする。
保護者との連携	● 日中と朝夕の温度差があるため衣服を調節できるように、長袖と半袖の服を用意してもらう。 ● 排泄時はズボンを自分で脱ごうとするので、ゆったりしたズボンなど、できるだけ着脱しやすいものを用意してもらう。

4月 5月 6月 7月 8月 **9月** 10月 11月 12月 1月 2月 3月

書き方のポイント

一人で動かせる三輪車や「コンビカー」は子どもにとってはとても魅力的です。転倒するかもしれないと予測をしている保育者の見守りの姿勢が示されています。

とわちゃんの振り返り

● 思いや欲求を言葉で伝えるようになり、タイミングよく応えると、伝わったと満足そうな顔をする。思いがかなう（伝わる）喜びを感じることができたことで、言葉が増えてきた。

● 戸外で存分に遊んだ日は、ご飯もおかずも、手づかみとスプーンで、ほぼ完食できるようになった。

● 便座に誘うとズボンに手をかけて脱ぎ、喜んで座るが排尿はしない。トイレへは引き続き誘い、慣れるようにする。

9月 個別の計画 | ひなのちゃん (9か月)

生活面

んまんま

子どもの姿

- 園で午前寝しない日がある。そのような日は、食事前や食事中に眠くなる。食前に眠り、目覚めてから食べると、離乳食を機嫌よく食べられる。食後はミルクを飲みながら眠る。

- 離乳食は、歯ぐきでつぶせる硬さのものを、もぐもぐと顎を上下に動かして食べる。コップに口をつけ飲む。

- おむつを替えると、保育者の顔を見て、足を曲げたり、伸ばしたりして親しみを表す。

保育の観点

- ミルクを飲みながら眠ってしまった時は、しばらく縦抱きして、吐き戻しがないかを確認して寝かせるようにする。

- 午前に眠そうな時は、速やかに眠り、目覚めてから食べるようにする。

- 子どもと一緒に口を動かし、舌を上下に動かしているか咀嚼を確認し、離乳後期食の形態へのステップアップができるようにする。

- おむつ交換時が担当の保育者と密接にふれあうひとときなので、足やおなかに触れて楽しくおむつ替えをする。

遊びの面

子どもの姿

- ハイハイで行きたいところへ行き、引き出しを開けたり閉めたり、ベッドの下をくぐったりする。ソファーやちょうどよい高さの箱などにつかまり立ちしている。

- 草の上に敷いたブルーシートの上を、ハイハイし、草などのまわりにあるものに手を伸ばしてさわっている。

- 布などをかぶり、いないいないばあをくり返し楽しむ。

- 機嫌のよい時は喃語を盛んに話す。

保育の観点

- ボールや動くおもちゃ、布などを手の届くところに置き、手に持ったり、遊べるようにし、室内でも存分に探索できるようにする。

- つかまり立ちを十分に経験できるように、手すりや家具など、手が届き一人で立てる高さにする。

- つかまり立ちで手を伸ばすと、チェーンや布などをつかんだり、振ったりして遊べるようにする。

- 草の上にシートを敷き、外でも自由に動けるようにする。誤飲しないように見守り、草などの手ざわりや感触に触れられるようにする。

- 目を合わせて語りかけ、やりとりを楽しめるようにする。

ねらい	●欲求や甘えたい気持ちなどを満たしてもらい、安心して過ごす。 ●離乳後期食を手づかみ食べなどで、喜んで食べる。 ●戸外に出ることを喜び、まわりのものに興味をもち、触れて遊ぶ。 ●ハイハイやつかまり立ちをし、探索を楽しむ。
内容（養護・教育）	●睡眠の欲求をタイミングよく満たし、機嫌よく食べ、遊べるようにする。 ●食べさせてもらうだけではなく、手づかみ食べをするとともに、コップに手を添えて飲み、おいしいと保育者に笑いかける。 ●戸外では見たもの、音に興味を示し、身近にある植物や石などさわって遊ぶ。 ●ハイハイやつかまり立ちで移動し、めくったり、のぞいたり、引っ張ったりして遊ぶ。
保育者の援助・配慮	●担当保育者を探している時は、「ここにいるよ」とタイミングよく応じ、いつでも甘えられることを伝える。 ●「もぐもぐ」と一緒に口を動かし、声かけをし、飲み込んだことを確認する。コップから汁物を飲む時は少なめに入れ、一口ずつゆっくり「ごっくん」と飲めるようにする。 ●手づかみ用の皿につかみやすいように食材を取り分ける。 ●離乳食の食べた量を確認し授乳をする。ミルクを飲みながら眠った時は、げっぷが出てもしばらく縦抱きで様子を見て、吐き戻しがないよう気をつける。 ●シートを敷く際は、柔らかい草の上などを選び、石など、ハイハイの障害になるものがないか、誤飲するものがないか確認する。「葉っぱ、見つけたね」「ひらひら」「ふわふわ」など、子どもの体感を共有する。 ●追視の先に何があるのかをとらえ、「○○見えたね」「ガタガタって聞こえたね」など、ものや音と結びつける。足を止めて、見たり聞いたりしている子どもの発見に共感する。
保護者との連携	●朝夕涼しい日もあるため、長袖の着替えも用意してもらう。 ●離乳後期食に入る時期であるため、食材の確認をするとともに、形態と食事の量について綿密に伝え合う。離乳後期食が順調に進んでいる場合は、食後のミルクは次第に減るので家庭と共有する。便の状態も普段と変わりがないか伝え合う。

> **書き方のポイント**
>
> 安全に遊ぶための環境づくりが書かれています。外にシートなどを敷いてその上をハイハイする場合は、子どもの目線になってシートの内外を確認しましょう。

4月
5月
6月
7月
8月
9月
10月
11月
12月
1月
2月
3月

ひなのちゃんの振り返り

●担当保育者がいてもいなくても遊べるようになってきたが、泣いた時は担当保育者でなければ泣き止まない。担当保育者が近くにいないと、あちこち見て探す。

●「もぐもぐ」と口を動かして見せると、一緒にもぐもぐする。1cm角ほどのものを食べることができる。便も正常である。「もっと」というようにお皿に手を伸ばし、葉物などつかみやすいものは、つかんで食べることができるようになった。ミルクは残量が多くなってきたので、様子を見ながら少なくする。

●ハイハイよりもつかまり立ちが盛んになってきた。保育者の体、ソファー、低い台などでつかまり立ちをするので、低い棚や柵、固定家具などつかまりやすい高さのものを備える。

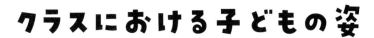

健康・情緒

◉ 園の生活に慣れ、保護者と手をつないで保育室に入ると、保育者に駆け寄ってくる。

高月齢

● 鼻水の出る子が多く、「ふーん」と自分で鼻水を出したり、「はな」と鼻水が出たことを知らせ、保育者に拭いてもらっている。

● 靴をはいてスタスタと歩く。転んでも自分で起き上がったり、砂山など少しの傾斜を手を使わずにのぼったり、おりたりしている。

● 食事のいすや遊具の高いところによじのぼろうとする。

● 自分のこだわりや欲求を簡単な言葉で伝えようとする。

● 友だちと同じもので遊びたいので、おもちゃをめぐってトラブルが起きる。

低月齢

● 午睡時も鼻づまりやせきで泣いて起きてしまう子もいる。担当保育者がそばにいると再眠する。

● 担当保育者を見つけると、喜んで近づく。やさしく声をかけてもらい、抱っこしてもらうなど、受け止められることで満足し、安心して過ごしている。

● ハイハイ、伝い歩きのスピードが速くなり、部屋の扉が開くと、扉に向かう。また、すべり台などの斜面をよじのぼり、そのままの状態で足からすべりおりている。

生活環境
（保育環境・清潔・安全等）

◉ 気温が低い日は、エアコンを使用して快適に過ごせるようにする（目安は20〜23℃）。

◉ 歩ける子、ハイハイする子と個々に合わせて安全に体を動かせるよう、場所を変えて遊んだり、少人数で存分に体を動かせるようにする。

◉ 探索行動（見たり、触れて確かめたり、試す）が盛んになっているので、壊れやすいものや触れた際に危険なものがないか、あらためて確認する。

◉ 探索が楽しめるように、隠れたり、くぐったり、入ったりできる空間を設定する。

◉ 伝い歩き、つかまり立ちの際は足元が見えないため、転倒やけがを未然に防ぐよう、足元のおもちゃなどをこまめに片づける。

生活
（睡眠・食事・排泄）

◉ 生活のリズムが整い、午睡では一定時間眠れるようになる。食事では、手づかみ、スプーンなどで、一人で食べられるようになってきている。

高月齢

- 担当保育者に誘われ、一緒に布団に行く。横になって、絵本を読んでもらいながら眠る日もある。
- スプーンを使って食べようとする。うまくすくえないと、手でスプーンにのせてから口に運び、満足している。
- トイレに誘うと、喜んでトイレに行く。便座までいくと、のぞいたり、指さししたり興味を示している。

低月齢

- 眠くなると担当保育者のところへ行き、抱っこをしてもらい安心して眠る。せき、鼻水などで寝苦しくて泣いて起きた時、担当保育者の顔を見ると安心して再眠する。
- おやつを手のひらや手の全体を使ってうまくつかめると、口に運び、手首を回したり、押し込むようにしたりして食べている。
- つかまり立ちが安定し、立っておむつ替えをする。

遊び

◉ 伝い歩き、歩行、小走り、のぼる、くぐるなど、体を動かしている。室内では、手遊びなど、保育者と一緒に簡単なやりとりを楽しんでいる。

高月齢

- 気温が上がってから戸外に出て、靴をはいて歩き散策を楽しんでいる。カートでの園庭の散歩も喜んでいる。
- シャベルでバケツやカップに砂を入れたり出したりして楽しんでいる。
- 友だちと同じおもちゃで遊ぶことを喜ぶ。おもちゃの取り合いになることもあるが、同じようなおもちゃがあると遊べることもある。
- ままごとの茶わんにチェーンや食べ物を入れ、食べるまねをしている。

低月齢

- つかまり立ちが安定し、カートで園庭や近隣を散歩して、興味のあるものに指さしをする。
- ハイハイ、つかまり立ち、伝い歩きで行きたいところに移動して引き出しを開め閉めしたり、箱やおもちゃの中身を出したり入れたりして楽しんでいる。
- 「バイバイ」「どうぞ」など、簡単なやりとりをまねしている。

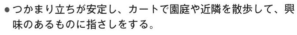

4月

5月

6月

7月

8月

9月

10月

11月

12月

1月

2月

3月

個別の計画へ ••▶

10月 個別の計画 | とわちゃん（1歳5か月）

🏠 生活面

子どもの姿

- 自分の布団を見ると「ねんね」と言って布団に寝転ぶ。保育者に絵本を読んでもらい眠る。

- 食事やおやつ前に、水道の前へ行き、蛇口を手でふさいで水しぶきを飛ばしていたずらを喜ぶ。

- スプーンですくって食べようとする。

- おむつ交換を呼びかけると、ズボンを脱いでトイレに行き便座に座り、排尿がなくても「出た」と満足そうに言い、洗浄レバーで水を流している。

保育の観点

- 絵本を読み、手でやさしくたたいて心地よく眠れるようにする。

- 蛇口に手を当てることは、水の動きやその変化に気づくチャンスであるため、「ピューってなったね」など、気づきに共感して声かけする。

- スプーンですくおうとしている時は、茶わんを横にし、すくえる喜びを感じられるようにする。

- 水を流すことを楽しみにしてトイレに行っている。楽しい場所であると感じられることを大切にしつつ、「チッチ出るかな？」などと声をかけていく。

🎵 遊びの面

待て待てー

子どもの姿

- 友だちにものを取られたり、嫌なことをされたりすると、大声で拒む。

- ままごとに興味をもち、食べ物、茶わん、皿、バッグなど、様々なものを使って遊んでいる。

- 保育者が「待て待て」などと追いかけると、笑いながら逃げて楽しむ。

- 一本橋（低いコンテナに板を渡したもの）を歩くのを見て、まねしようとする。

- 手遊びを喜び、保育者のまねをして楽しんでいる。

保育の観点

- 嫌な思いを代弁して気持が伝わっていると思えるようにする。

- 模倣遊び、見立て遊びを楽しめるように、スカーフ、エプロン、人形などを用意する。

- 運動機能が発達し、小走りしたい、傾斜や段差など変化のあるところを歩いてみたいという思いがあるため、安全に留意しながら、体を動かすことを楽しめるようにする。

- 手遊びに興味をもっているため、まねしやすいようにゆっくりとうたい、手を動かすことで、一緒に楽しめるようにする。

ねらい	● 身振りや一語文で自分の思いや欲求を示すので、丁寧に応えていく。 ● スプーンでこぼしながらも一人で食べる。 ● トイレに行くことを喜び、便座に座ってみる。 ● 室内や戸外で、保育者や友だちと一緒に探索活動を行い、体を動かし楽しむ。
内容（養護・教育）	● 思いや欲求を受け止めてもらうことで安心し、ありのままに気持ちを表出する。 ● スプーンですくって食べようとする。 ● トイレという場所に興味をもち、トイレに行き、便座に座ってみる。 ● 階段や傾斜、「一本橋」など変化のある場所を歩いたり、小走りで歩くことを楽しむ。
保育者の援助・配慮	● 言葉で伝えようとする時は、目線を合わせて聞き、欲求や願いを「○○したいんだね」など、気持ちが伝わったことを伝える。 ● 力加減や手首の動かし方は不自然だが、スプーンを使って楽しく食事をしながら、様々な食材や形態に慣れることを大切にする。 ● こぼすことが多い時期なので、こぼれてもいいようにシートを敷く。こぼれたものは保育者が皿などに拾いまとめ、食べ物を大切に扱うことを見せる。 ● トイレに興味をもち行きたくなるように、好きなキャラクターの絵を掲示する。 ● 「おしっこシーシー」など、目を合わせやさしく声をかけ、トイレでの排尿の抵抗を小さくする。 ● 探索活動では事故やけがの心配もあるが、自分でやってみたいという気持ちを受け止め、いつでも支えられるようにそばで見守る。 ● 追いかけっこやごっこ遊びなど、保育者も一緒に楽しむことで、友だちと遊ぶことは楽しそう、遊んでみたいと思えるようにする。友だちがいる時は、「おんなじだね」「一緒でうれしいね」など、うれしい気持ちを言葉で表す。
保護者との連携	● 食事の食べ具合や好みなどを伝え、調理方法やスプーンを使う様子を伝え合う。 ● 体を活発に動かす遊びや戸外での遊びの様子を伝え、着替えを準備してもらう。

書き方のポイント

子どもの探索活動を見守りつつ、素早く対応できる保育者の態勢が示されています。

4月
5月
6月
7月
8月
9月
10月
11月
12月
1月
2月
3月

とわちゃんの振り返り

● スプーンを使い、自分でほぼ食べることができる。ふちの低い皿の肉などすくいにくいものが落ちてしまうと、「落ちた」と気にして下をのぞき拾おうとする。

● 床に突っ伏して泣き、思いや欲求を訴える。くやしさが伝わっていると感じられるようにする。

● トイレの水を流して、「バイバーイ」と手を振っていた。そのようないたずらをきっかけにトイレに行くことができた。「チッチ」と言いながら自らズボンを脱ぎ、何回もトイレに行こうとする。

● 保育者の手を振り払って一人で歩く。存分に自由に動きまわることで、バランスをとれるようになった。

個別の計画 ひなのちゃん（10か月）

🏠 生活面 ✨

子どもの姿

- 昼食後に、少し遊び、眠る。

- 3回の食事のリズムもできている。午後の3時のおやつを開始。手に持って食べる。

- 固形便になり、軟便はほとんど見られなくなった。

- 担当保育者を見るとうれしそうに近づく。保育者が座ってそばを離れないことがわかると安心して遊び出すが、そばを離れようとすると声を出して後追いをする。

保育の観点

- 食後はパーテーションなどを使い、遊び場を確保する。食事中の子どもに気をとられずに、のびのびと遊べるようにする。

- 手でつかみやすいよう、スティック状のものを用意し、一人で食べられるようにする。

- 固いものを食べるようになったので、便の状態をよく見る。

- そばを離れる時は、すぐ戻ると伝え、いつでも受け止めてもらえるという安心感を感じられるようにする。

🎵 遊びの面 🎵

子どもの姿

- つかまり立ちでソファーによじのぼろうとし、伝い歩きで移動して楽しんでいる。

- 担当保育者がバイバイと手を振ると、バイバイをしようとする。手をたたく、ばんざいするなど、保育者をまね、誇らしげに何度もして見せる。

- 高月齢児と遊びたいので手を伸ばすが、邪魔をしないでと拒まれる。

- 引き出しを開け閉めしたり、カゴの中のおもちゃなどをひっくり返したり、探索行動が増える。

保育の観点

- 伝い歩きで、まだ足元が不安定なこともあるので、見守りの中で、動くことを楽しめるようにする。

- 「○○で遊びたかったんだね」と、気持ちを代弁し、同じような遊びをする。

- ベッドの下の空間に入る、柵につかまり立ちする、伝い歩きなどを楽しんでいるので、足元におもちゃがある場合は速やかに片づけ、安全に動くことを楽しめるようにする。

- 引き出しの開け閉めだけでなく、布やボール（布製）などを入れて出したり入れたりも楽しめるようにし、探索行動が楽しめるようにする。

ねらい	●保育者の見守りの中、安心して過ごす。 ●手づかみで食べることを喜ぶ。 ●ハイハイやつかまり立ち、伝い歩きで移動し、探索を楽しむ。
内容（養護・教育）	●甘えの欲求をタイミングよく受け止めてもらうことで、安心して過ごせるようにする。 ●食べ物をつかんだり離したりをくり返し、食べる。 ●ハイハイやつかまり立ち、伝い歩きなどで、遊びたいおもちゃに触れて確かめ、遊ぶ。
保育者の援助・配慮	●子どもから離れる時も安心して過ごせるように、「〇〇してくるね」など、声をかけ、見える範囲であれば目線を合わせたりする。 ●食べ物をうまくつかめない時も、工夫している姿を見守り、手づかみ食べの経験をできるように、すぐに援助せず見守る。 ●一口で食べられる量を手づかみ皿に取り分け、「かみかみ」と一緒に口を動かす。 ●ハイハイ、つかまり立ち、伝い歩きをのびのびとできるように、プレイルームなど広い空間を使用する。保育室ではおもちゃが足元に落ちていることが多いので、速やかに片づけ、けがのないようにする。 ●行ってみたい、遊んでみたいと思えるようなおもちゃや環境を設定し、できるようになった動き（つかまり立ち、伝い歩き、重心移動等）で移動し探索を楽しむことで、周囲への関心を広げる。
保護者との連携	●手づかみで食べられるようになり、食事を楽しみにしていること、手づかみの食材や形状を伝える。 ●気温の低い日があるため、着替えのカゴに長袖や靴下の補充をお願いする。

書き方のポイント

移動行動ができるようになり、ホールなどの広い空間で、保育室と異なる経験をすることが書かれています。

4月 5月 6月 7月 8月 9月 **10月** 11月 12月 1月 2月 3月

ひなのちゃんの振り返り

●保育者に、「どうぞ」というようにおじぎしてものを渡しにくる。抱っこやスキンシップだけでなく、遊び相手としての関わりを求めることが増えた。今後も欲求を満たし、安心して過ごせるようにする。

●食事では手でつかめるものが少なかったが、おやつの提供を開始したことで、イモや野菜のスティックの手づかみ食べを十分に経験した。指も使い、スムーズにつかむことができるようになった。

●動きたい気持ちが大いにあり、パーテーションやベッドの柵を使って伝い歩きをする。柵などがない場所ではハイハイで移動するが、手を放して数秒一人で立つこともある。引き続きけがなどに気をつけ、一人歩きができるまで見守る。

●引き出しに布やおもちゃなどを入れておくと、出したり入れたりして楽しむ。

クラスにおける子どもの姿

健康・情緒
♥♥

◉ 思うように動けるようになり、やってほしいことや行きたいところを表情やしぐさ、言葉で表し、かなえてもらうことによって、さらに自己表現が活発になっている。

高月齢

● 鼻水の出る子が多い。ティッシュの箱を持っていくと、ティッシュを取り、片手ではあるが自分で鼻を拭こうとする。

● 床を蹴る力が強くなり、コンビカーをこいで楽しんでいる。また、カエルのまねをしてジャンプしたりする。

● 自分の思いや欲求を言葉で伝えている。願いがかなわないと泣いて訴える。どうにもならないことには、保育者が異なる方法を提案してみると、折り合いがつくこともある。

低月齢

● つかまって伝い歩きをし、つかまる場所がなくなるとハイハイで移動する。つかまりやすいものにつかまり、一人での立ち上がり、一人歩きが見られるようになる。

● 遊んでいる途中に保育者の声を聞き、姿を見つけ、視線が合うと安心してほほ笑み、また遊びを続ける。

● 自分の願いや思いと違ったり、かなわなかったりすると、泣いて訴える。やさしく声をかけ抱っこし、「そうだったの、○○だったんだね」などと受け止めてもらうと、安心し落ち着いてくる。

生活環境
（保育環境・清潔・安全等）
✦

◉ 乾燥により、鼻づまりやせきで寝苦しくなることがあるため、加湿器により、湿度調整を行う（目安は60%）。

◉ プレイジムや滑り台などの遊具の使用が増えるため、置き場所の安全を確認するとともに消毒や点検をこまめに行う。

◉ 指さしをし、言葉が増えるため、物の名前と言葉が一致するように動物や乗り物の名前をわかるよう伝えていく。

◉ 午睡前に絵本を読んでもらいながら眠る子が増えるため、絵本の数を増やす。

生活
（睡眠・食事・排泄）

◉ 保育者と一緒に食事することで、その食べる様子を見て、スプーンを持ちながらも、はし使いのまねをする。布団が自分の眠る場所として定着し、眠る前に絵本を読んでもらうことがルーチンとなり楽しみにしている。

高月齢

- 布団で眠れる日が増える。保育者に絵本を読んでもらい気持ちよく眠る。
- 保育者と一緒に食事することを喜んでいる。保育者の食べているものや、食具の使い方を見てまねしようとする。
- 友だちの姿に刺激を受け、トイレに行こうとする子が増えている。便座に座ると、すぐには立ち上がらず、しばらく座っている子もいる。

低月齢

- 眠くなると、「んぶ」「だっこ」とおんぶや抱っこを求め、抱っこで安心して眠りに入る。
- 取り皿に取り分けた様々な調理形態の食材を指先でつかんで食べる。汁物のカップにも手を入れてつかんでみようとする。カップを口に当てると、カップから飲むことができる。
- ズボンを足元に持っていき、「シュー」と保育者と一緒に遊びながら足を入れて喜んでいる。

遊び

◉ つかまり立ち、一人歩き、小走りで盛んに体を動かしている。また、バランスも取れるようになってきた。言葉が増え、遊びの中で様々な言葉が出てくる。

高月齢

- 追いかけっこをしたり、まつぼっくりなどの自然物に触れる。
- 気温が低い日は、短時間だけ外に出て追いかけっこやカートでの散歩を楽しむ。ベランダに出て外気に触れ、景色（工事車両、草花、鳥等）を見て指さし、単語や一語文を話して楽しむ。
- フライパンや鍋などにままごとの食べ物を入れて、料理のまねをしている。
- 廊下やプレイルームで、「コンビカー」に乗ったり、鉄棒にぶら下がるなどして遊んでいる。

低月齢

- ハイハイでベッドの下をくぐり、ベッドの柵や台など、つかまり立ちにちょうどよい高さのものを見つけるとつかまり立ちをし、伝い歩きもする。
- ペットボトル、ラップの芯など、入り口の小さいものにチェーンを入れたり、落としたりして楽しむ。
- 絵本の絵を指さし、「まんま」「ママ」と話している。

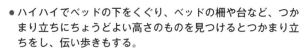

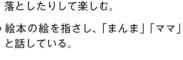
個別の計画へ

4月
5月
6月
7月
8月
9月
10月
11月
12月
1月
2月
3月

11月 個別の計画 | とわちゃん（1歳6か月）

🏠 生活面

えほん えほん

子どもの姿

- 午睡前の絵本を読んでもらうことを楽しみにしている。
- スプーンで、一人で食べている。すくいにくい食材は手で食べていたが、フォークに持ち替え試しながら使うようになった。
- 食後は自分のおしぼりを選び出し、一人で口をふこうとする。
- トイレに喜んで行き、水洗レバーで水をくり返し流して遊んでいる。
- 単語や一語文で欲求や思いを伝える。

保育の観点

- 午睡前の絵本の時間がさらに楽しみになるよう好きな絵本を選び、わくわくして布団に向かえるようにする。
- スプーンですくえなくても、一人ですくおうとしているため、見守る。フォークでさして食べようとするのも見守る。
- トイレが楽しいところと感じているので、トイレに誘う回数を増やし、トイレでの排尿を経験できるようにする。
- 言葉で欲求や思いを伝えようとした時は、「〇〇したいんだね」と、伝わったことが感じられるように応答する。

🎵 遊びの面 ♪

子どもの姿

- 砂をシャベルですくい砂型に入れてひっくり返す。少し崩れても「できた」と喜んでいる。
- 低いコンテナ（20cm）に板を渡した「一本橋」を歩き、支えられてジャンプをする。「待て待て」と言って追いかけると小走りで逃げて楽しむ。
- プレイジムの高いところや、棚、すべり台の上にのぼり、立ち上がって喜んでいる。
- テーブルに皿を並べて「んまい」と食べるまねをしている。

保育の観点

- 手首の動きがスムーズになり、ひっくり返す動きをまねて楽しんでいる。砂型は崩れても何度もくり返して遊ぶ。
- バランスを取れるようになり、高いところにのぼって立ち上がってみたいという気持ちを受け止める。のぼる、おりるの体験を存分に楽しめるように、安全に十分に気をつける。
- 一人遊びを楽しんでいる時は、イメージを膨らませ遊びに没頭できるように見守る。
- 友だちの遊びに興味を示しているのか、一人遊びを邪魔されたくないのか、見極めて関わる。

ね ら い	●欲求や思いを存分に表出できるようにする。　　. ●スプーン、フォークを使い、一人で食べようとする。 ●室内外で様々な動きを楽しむ。 ●興味や関心をもった遊びを十分に楽しむ。
内容（養護・教育）	●折り合いがつくまで見守ることで、安心して自分の思いを出せるようにする。 ●スプーン、フォークでのすくい方や刺し方を試しながら食べる。 ●遊具を使って存分に体を動かすとともに、音楽を聞きながら踊ることを楽しむ。 ●一人遊びを楽しむとともに、保育者と一緒に遊び、友だちの遊びに興味をもつ。
保育者の援助・配慮	●誰と何をしたかったのか、どのように遊びたかったのかなど、じっくり聞く。十分に聞いた後は，願いや思いに応え、応えられない場合は異なる方法を一緒に考える。 ●保育者も同じようなスプーン、フォークを使い一緒に食事をすることで、「おんなじだね」と話し、まねてみようと思えるようにする。 ●高いところにのぼったり、立ったりして、バランスが取れるようになった誇らしい気分を満たし、もっとやったみたいという気持ちを受け入れる。その際、安全には十分配慮する。 ●一人遊びに没頭している時には、パーテーションで区切るなどする。ままごと遊びなどは友だちを誘い、少人数で遊ぶ。遊びが広がるように様々なおもちゃや用品を準備する。 ●食べさせたり布団に寝かせたりするまねなど、保育者や友だちが楽しんでいる姿から、遊んでみたいと思えるようにする。 ●動作が簡単でリズムにのりやすいテンポの曲を選び、まねして一緒に楽めるようにする。
保護者との連携	●便が硬いことが多く、排便時に痛がることがあるため、便の状態を伝え合い、園での水分を多めにとるように対応を伝える。 ●園では食具を使って一人で食べているが、家庭ではどのような食べ方をしているのか、食具を使って食べているのか、必要時間などを聞く。

✏️ **書き方のポイント**

友だちと遊ぶ、一人で遊ぶ、どちらも大切です。興味・関心をもったことに集中でき、一人で遊びこむことができる環境整備が示されています。

4月
5月
6月
7月
8月
9月
10月
11月
12月
1月
2月
3月

とわちゃんの振り返り

●欲求がかなわなかった時でも一緒に考え合うことにより、納得し自分で折り合いをつけるようになった。

●スプーン、フォークは保育者のまねをして使っている。フォークで食べ物を刺す時にこぼれることもあったが、くり返し試し、促されて最後まで食具で食べようとしている。

●すべり台やプレイジムなどの遊具で遊ぶ機会を多く設けたことで、のぼったり、ぶら下がったりなど、体を動かすことを楽しむ姿が見られた。

●パーテーションを使用することや少人数に分かれて遊ぶことで、友だちにものを取られたり、邪魔されたりすることを減らすことができた。遊びを存分に楽しむ姿が見られた。

11月 個別の計画 | ひなのちゃん（11か月）

🏠 生活面 ✨

ねんね
しよう

子どもの姿

- 食後、しばらく遊ぶと眠くなり、目をこすっている。「ねんねしよう」と声をかけると、うなずき、眠る。

- 手づかみで皿に一口大のものを入れると、手でつかんで食べている。ご飯など、手づかみしにくいものを保育者が食べさせようとすると、一人で食べたいと意思表示をする。

- おむつをはいた後、ひざに座らせ、ズボンを見せると、足を入れようとする。

保育の観点

- 他児が遊んでいてにぎやかだと、眠くなったことに気づきにくいことがあるので、子どもの眠いサインを見逃さず、静かな場所に移動し、眠れるようにする。

- 手づかみしやすいスティック状や細長い形態のものは、一口で口に入る量にする。

- スプーンを使いたがるので、プラスチック製の短めのスプーンを手に持たせる。

- 足を通す場所がわかりやすいようにズボンを広げる。足を動かした時に「シュー」など楽しそうな声かけを行い、一人ではいていると感じられるようにする。

✿ 遊びの面 ♪

子どもの姿

- ベッドの下をトンネルのようにハイハイでくぐる。近くに同じ遊びをしている子がいると、笑いかけ、うれしそうにしている。

- 目的の場所へ早く行きたい時は、ハイハイになるが、つかまれる場所を見つけては伝い歩きをしている。手を離して立ち、何もないところでも一人で立ち上がる。

- 「ん?」と保育者の顔（反応）を見ながら絵本の絵や興味のあるものを指さしする。

保育の観点

- 「○○ちゃん、いたね」など、友だちの存在に気づき、一緒は楽しいと感じられるようにする。

- 伝い歩きや一人立ちが安全にできるように、足元におもちゃなどが落ちている場合は、片づける。

- パーテーションを移動し、伝い歩きが存分に行えるようにする。

- 指さしのタイミングに合わせて、絵本のページをゆっくりとめくるようにする。また、指さしに対しては、丁寧に応答する。

- 歌や手遊びは、興味に応じて目で追えるように、反応を見ながら、ゆっくりとうたう。

ねらい	●甘えや欲求を表出した時に応答してくれる保育者がいることで、安心して過ごす。 ●手づかみで一人で食べることを喜ぶ。 ●指さしで、気づきや興味のあるものごとを伝えようとする。 ●伝い歩きや一人歩きで移動することを楽しむ。
内容（養護・教育）	●生活の節目や遊びの中で、保育者に求める表情やしぐさにタイミングよく応答する。 ●食べたいものから一人で食べる。 ●指さしに応答してもらうことで、まわりのものやことに興味を広げる。 ●できるようになった動きで体を動かして楽しむ。
保育者の援助・配慮	●そばを離れる時や後追いする時は、離れる理由と戻る見通しを伝え、離れるようにする。 ●もっと食べたいなど、かなえられない欲求に対しては、やさしい声で代弁するとともに、落ち着くのをゆっくり待つ。 ●保育者が食べさせようとすると拒み、自分で食べようとするので、手でつかみにくいものも取り皿などに取り分け、指先を使って様々な食材を食べられるようにする。 ●ゆっくりと食べるように、一口の量や食べ方に気をつけ、「かみかみしようね」と声をかける。 ●子どもの指さしを見逃さないように、足を止めて指さしの先にあるものをとらえ、丁寧に応答する。 ●指さしする好きな絵本は手の届くところに置く。くり返し指さすものは、目のつきやすいところに置くようにする。 ●存分に立ち、歩く経験ができるよう、床にあるおもちゃなどを片づけ、安全に動くことができるようにする。
保護者との連携	●離乳食の形態などを確認し合い、手づかみで食べられるものを増やす。 ●運動機能が発達し、一人で立ち上がり、伝い歩きするようをするようになったことを喜び、共有する。

| 4月 |
| 5月 |
| 6月 |
| 7月 |
| 8月 |
| 9月 |
| 10月 |
| **11月** |
| 12月 |
| 1月 |
| 2月 |
| 3月 |

 書き方のポイント

読んでほしい絵本を子どもが選ぶことも大切な経験です。絵本の表紙が見えるようにし、子どもが選びやすい配慮が書かれています。

ひなのちゃんの振り返り

●言葉が出てきて、「抱っこ」と手を広げ、「あっち」と言葉やしぐさで欲求を伝えるようになってきた。願いがかなわないと泣き、抱っこしてものけぞって泣く。何をどのようにしたいのか、意図や願いがはっきりと表せるようになった。

●おかゆから軟飯に変更し、離乳食完了期に近い形態にステップアップした。1cm角のものやご飯なども手でつかんで食べられるようになった。今後も離乳完了期に近い食事の形態とする。

●「絵本を読もう」と誘い、ひざに座らせ動物や乗り物の絵本を読んだ。様々なものを指さしして喜んでいた。

●立ち上がり手を広げてバランスを取り、5m程度歩くことができるようになった。

クラスにおける子どもの姿

健康・情緒 ♥♥

◉ 寒くなり鼻水が数日続く子どもが、アデノウイルスによる風邪症状との診断を受けている。体調が整わないと不機嫌な子どももいる。そのような中にあっても、ああしたい、こうしたいという願いを表すなど、保育者とのやりとりが盛んに行われている。

高月齢

手洗いをしよう

- 鼻水やでせきが出るが、園を休まなければならない程の重症ではない。
- 「手洗いをしよう」と呼びかけると、喜んで水道の蛇口に手を伸ばし手を洗おうとする。
- 両手を上げてキラキラと手を動かすなど、腕、手のひら、足などを自由に動かせるようになり、保育者の動きをまねて踊ろうとする。
- 身のまわりのことなどを自分でしようとするが、うまくいかず、保育者が手伝おうとすると拒み、自分でしようとする。

低月齢

- 鼻水が続いているのは、アデノウイルスによるとの診断を受けている子どもが多い。
- 手でバランスを取りながら一人で歩くけるようになってきたが、目的の場所までの急ぎの移動はハイハイをする。
- 意図に添わないことがあると、ひっくり返って泣くこともある。保育者に悔しい、違うという気持ちを受け止められ、代弁してもらうことで、落ち着いてくる。

生活環境（保育環境・清潔・安全等）

◉ 感染症予防のため、壁やおもちゃの消毒を通常より1回多く行う。つかまり立ちの際に、柵やパーテーションをなめることもあるので、念入りに消毒する。

◉ 換気をこまめに行い、空気を入れ替える。

◉ よく見る絵本が破損している場合は、その日のうちに修繕し、いつでも見られるようにする。

◉ 歩き始めの子が安全に遊べるように、足元のおもちゃを片づけ、広い空間を確保する。

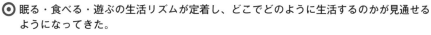

生活
（睡眠・食事・排泄）

◉ 眠る・食べる・遊ぶの生活リズムが定着し、どこでどのように生活するのかが見通せるようになってきた。

◉ 自分の持ち物や、高月齢児は友だちの持ち物もわかるようになり、保育者に頼まれると、友だちの持ち物を運ぶなど喜んで手伝おうとする。

高月齢

● 友だちと一緒に布団に寝転び、顔を見合わせ笑い合う。毎日、絵本の読み聞かせを楽しみにし、その後、眠る。

● 保育者が食べ物の名前を伝えると、まねて言い、楽しそうに食事をする。

● スプーンとフォークを下から握って食べる子もいる。

● 誘われなくてもトイレに行き、便座に座ったり、水洗レバーをいじったりして楽しんでいる。

低月齢

● 自分の布団がわかり、見つけると寝転ぶ。保育者がそばに行き、体をやさしくたたいたり、体をなでたりすると起き上がり、おんぶや抱っこで眠りたがる。

● 手づかみで、ほぼ一人で食べる。こぼしながらもコップを自分で持って飲む。

● おむつ交換を呼びかけると、おむつの入ったカゴから自分のおむつを持ってくる。

遊び

◉ 友だちと一緒に絵本を見たり、ままごとしたりして遊ぶ。遊びの中での言葉のやりとりが遊びを膨らませることにつながっている。同じ場所や同じおもちゃを使いたがることからおもちゃの奪い合いなどトラブルも生じる。

高月齢

● 廊下やプレイルームでは、「コンビカー」に乗ったり、鉄棒にぶら下がるなどして遊ぶ。

● ベランダの扉を開け、外を見て、車や電車が近くを通ると「バイバーイ」と手を振って喜んでいる。

● 保育者が音楽に合わせて踊るのをまねて踊る。聞き慣れた、好きな曲は、「もう一回」と言ってくり返し踊る。

● 友だちと料理や盛りつけ、人形（赤ちゃん）の世話をするごっこ遊びを楽しんでいる。

低月齢

● ハイハイが主であるが、プレイルームなどの広い場所では、立って真っすぐ歩く。

● 「コンビカー」の背もたれや、段ボール箱、押し車を押しながら歩く。

● 引き出しや箱の中身をひっくり返してその中に入って遊ぶ。

● ままごとの食べ物を食べるしぐさをまねして楽しんでいる。

● 「わんわん」「じゃーじゃー」など、絵本を読むとくり返しの言葉をまねる。

個別の計画へ

4月
5月
6月
7月
8月
9月
10月
11月
12月
1月
2月
3月

12月 個別の計画 | とわちゃん（1歳7か月）

🏠 生活面 ✨

（吹き出し）んご
（吹き出し）プーン
（吹き出し）フォック
（吹き出し）はっぱ

子どもの姿

- 布団に入っても友だちと手をつなぎ、笑い合って遊び、眠ろうとしない。
- スプーン、フォークを下から握って使う。
- 「プーン（スプーン）」、「フォック」（フォーク）、「んご」（りんご）など、食具や食材の名前を言い、楽しく食べる。
- 便座で偶然排尿したことをきっかけに、便座に長く座る。「また後で来よう」と言うと、「まだ」と言って気が済むまで便座に座り続けている。

保育の観点

- 二人に見えるように絵本を読むなどして、友だちと一緒にいる喜びを感じながら気持ちよく眠れるようにする。
- 手首の動きがスムーズになり、下から握ってもこぼさず食べられるようになった。一人で食べられることの満足感を大切にする。
- 食材の名前を言えるようになり、「ニンジン、ぱっくんできたね」「ご飯おいしいね」など、好きな食材について言葉をかけることで、様々な味になじめるようにする。
- 便座で排泄するタイミングをじっくり待つ。自然に排泄時の気持ちよさを味わえるようにする。

🎵 遊びの面 🎵

子どもの姿

- 聞き慣れた曲や好きな曲が流れると、リズミカルに体を動かしている。また、保育者がカエルやウマなどの動物のしぐさをすると、それをまねて楽しむ。
- 料理をしたり、ぬいぐるみをおんぶしたり、布団に寝かせたりしてお母さん気分を味わっている。
- 保育者の声かけがあると友だちと一緒に遊べるが、思っているような遊びができなかったりすると、怒って泣く。
- 「あれ」「これ」など指さしごっこ遊びを楽しむ。

保育の観点

- 「ぴょんぴょんだね」など、動きを言葉で表しながら、一緒に楽しく踊る。
- ごっこ遊びがさらに楽しくなるように、鍋やおたま、布団、ハンカチなど身近な物を用意する。また、使っているものを取り合うことが多い年齢のため、おもちゃの数を多めに用意する。
- 保育者が仲立ちし雰囲気づくりをし、「一緒に遊ぶと楽しいね」など、子ども同士の関係の橋渡しになる。
- 友だちと一緒に遊びたいという気持ちを代弁し、友だちに伝える。他児の気持ちをくみとりながら遊べるようにする。

ね ら い	● 思いや願いを単語や一語文で、保育者や友だちに伝えようとする。 ● 様々な食べ物の味に慣れ、食具を使って一人で食べる。 ● 音楽や歌に合わせ、体を動かして楽しむ。 ● ごっこ遊びや指先を使った遊びを楽しむ。
内容（養護・教育）	● 表情やしぐさ、短い言葉に込められた思いを、言葉と動作で応え、伝わる喜びを感じられるようにする。 ● 様々なものを食べる経験を通して食事が楽しみになるようにする。 ● スプーン、フォークを使って一人で食べる満足感を味わう。 ● 曲を聞いてリズミカルに体を動かし、保育者や友だちと一緒に楽しむ。 ● 友だちと一緒に遊び、友だちとの関わりが楽しいと感じられるようにする。
保育者の援助・配慮	● 友だちに伝わらなかった場合は仲立ちをするが、互いの意図を尊重し、見通しがもてるように話す。 ●「甘かったね」「やわらかいね」など、食材や食感を伝え、味と食材のイメージがつながるようにする。 ● 保育者の食べる姿を見ている時は、「ぱっくん」などと言い、ゆっくりと手を動かして、スプーンの持ち方が見えるようにする。 ●「ひげじいさん」「いとまき」などの手遊びでは、一緒に片言でも口ずさみたくなるように、楽しい雰囲気で誘う。 ● 動物や果物などのパズルのつまみを持ち、同じ形を探して遊べるように、様々な型合わせを準備する。 ● 園舎内や園庭を気の向くままあちこち探索し、見たりさわったりして楽しめるようにする。 ● 友だちに関わろうとし、断られたり、ものを取られたりして機嫌の悪い時は落ち着くのを待つ。自分で伝えたいと思っていることもあるので、タイミングを見極めて、思いを聞き、代弁する。
保護者との連携	● せきと鼻水が続いているため、登園時に前日の体調を詳しく聞き、検温、体調の記録など、園での対応を確認する。 ● スプーン、フォークで食べている様子、また一人で食べられることの喜びを味わっていることを伝え、成長の喜びを共有する。

書き方のポイント

互いの気持ちを代弁しながら、どのようにしたいと願っているのかをくみ取り、見通しがもてるような保育者の関わりが書かれています。

4月 5月 6月 7月 8月 9月 10月 11月 **12月** 1月 2月 3月

とわちゃんの振り返り

● 思いが伝わらないことも多く、泣きながら「とわー！」と言う。自分の名前の奥に伝えたい思いが込められているので、「とわちゃん、○○だったの？」「遊びたかったの？」と聞くと、「うん、とわの」などと、泣き止んで話そうとするようになった。
● 手首を返し、スプーン、フォークを下から握ることもある。
● 初めての食材の名前に興味をもち、名前を知ることで少しずつ食べられるようになってきた。
● 指先でパズルをつまむ、棒を通すなど、指先を使う遊びに集中し、つまむ、落とすを楽しんでいる。
●「パプリカ」など耳になじんだ曲が流れると、自然に踊り出す。

12月 個別の計画 | ひなのちゃん (1歳)

🏠 生活面 ✨

子どもの姿

- こぼしながらも一人でコップを持って飲もうとする。
- 食事が運ばれてくると指さしして、「んまんま」と言い喜ぶ。手づかみで一人で食べる。
- 食後のミルクはあまり飲まず残すようになった。
- 保育者がおむつのカゴを出すと、おむつを取り出そうとする。
- 意図が伝わらないとひっくり返って泣くことがあるが、悔しさが伝わっていると気づき落ち着く。

保育の観点

- こぼしても一人で飲みたいという気持ちを受け止め、少しだけでも一人で飲める満足感を味わえるようにする。
- 手を拭く、エプロンをつけるなど食べるまでの準備を一緒に行い、食べることへの期待をもてるようにする。
- 手づかみ食べ用の皿に、一口量がわかるようにとりわける。つかみやすくするとともに、「かみかみしようね」などと声をかけ、咀嚼し飲み込むのを見守る。
- 自分のおむつがどこにあるのかがわかり、一人で持ってこようとするので、時間がかかっても一人で持ってくるのを待つ。

⭐ 遊びの面 ♫

子どもの姿

- 箱のふちに手をかけて中に入ったり、段ボールの箱を押したりして遊ぶ。
- 部屋の端から端までバランスを取りながら、真っすぐ歩く。目的のものがあるとハイハイをして向かう。気がせく時もハイハイする。
- 靴下を引っ張って脱ぐ。脱ぐと、「んー！」と靴下をつま先に当て、はかせてほしいというように訴え、はくとまた引っ張って脱ぎ、くり返し遊ぶ。
- 絵本を見ながら指をさし、「ブーブ」「ワンワン」など単語を話す。

保育の観点

- 段ボール箱などを用意する。体重をかけ過ぎて転倒しないように、そばで見守る。
- バランスを取って歩き、保育者の姿を求める。歩ける喜びと、まわりにいてほしいとの願いが伝わってくる。「そう、歩くの楽しいね」など応える。
- 靴下を脱ぐ遊びが指先を鍛え、靴下をはく、はしを使うなどの生活につながるととらえ、靴下を脱ぐ遊びにくり返し応じる。
- 絵本を見て指をさすなど、子どものペースで見られるようにゆっくりとページをめくる。

ねらい	●意図や願いを受け止めてもらい、安心して過ごす。 ●食べたいものを選んで、手づかみで食べる。 ●バランスを取りながら、自分のペースで歩くことを喜ぶ。 ●保育者と一緒に手遊びや音楽遊びを楽しむ。
内容（養護・教育）	●表情や言葉に表される、ああしたい、こうしたいという思いをくみとり、タイミングよく応えるようにする。 ●一人で食べられる喜びを味わうとともに、指先を使う経験をする。 ●思いのままに歩いたり、おもちゃを使って歩く遊びを楽しむ。 ●手遊び歌、わらべ歌などの曲に合わせ、リズミカルに手足を動かすことを楽しむ。
保育者の援助・配慮	●表情や指さしなどから、意図や願いをくみとり、「〇〇だったんだね」など、伝わっていることを丁寧に伝える。どのようにしたら願いがかなうのか、観察してみる。 ●つかみにくいもの（麻婆豆腐、ヨーグルト等）も一人で食べたがることがあるので、感触や食べ心地を体験する機会ととらえ、手拭きなどを準備する。 ●肉や油揚げなど食べにくそうなものは、小さく切り、とり分け皿に盛り、「かみかみしようね」と保育者も口を動かす。 ●一人で立ち上がり歩き出すのを見守り、保育者に笑顔を向けた際は、「あんよ楽しい」など声をかけ、歩けた喜びを共有していると感じられるようにする。 ●ボールを転がして追いかけようとする、ベッドの下をくぐろうとするなど、いつ、どのように動くか予測し、援助を考える。 ●積み木、型はめなど、手や指先を使うおもちゃで遊び、靴下などを脱いだりすることも遊びとして楽しむ。 ●歌をうたったり、「いとまき」などの手遊びを一緒に楽しむ。
保護者との連携	●ミルクから牛乳を飲むことを相談し、牛乳アレルギーなどないかどうかを確認する。 ●鼻水が続いているのは感染症によるものか確認し、日中の体温や食欲など体調を詳しく伝え、今後の対応を確認する。

書き方のポイント

牛乳アレルギーがないか、保護者と連携することが示されています。牛乳の摂取後の体調や食べた乳製品などを記録して保護者に伝えましょう。

ひなのちゃんの振り返り

●一人で食べられるようになり、つかみにくいもの（軟飯、麻婆豆腐、ヨーグルト等）も手につけてなめたり、食器に口を当て何とかして食べようとするので、盛りつけなどを工夫する。

●プレイルームなど広い場所へ行くと、存分に歩くことができた。目が合うとにっこりと笑い、時には声を出して歩くことを楽しんでいる。

●高月齢児の手遊びを近づいてじっと見つめ、まねて手を動かしている。「できたね」と声をかけると、うれしそうに何回もくるくると手を動かし、手をたたいて喜んでいる。

クラスにおける子どもの姿

健康・情緒 ♥♥

◎ 感染症が流行する季節になり、鼻水が出たりせきをしたりするが、休まなければならない状況ではない。

◎ 園での生活が居心地よくなり、自分の思いを安心して表出している。

高月齢

● 鼻水が出ると不快なので「出た」と訴え、拭いてほしいと伝える。

● 自分の思いや欲求がはっきりし、「自分で」と頻繁に言う。

● 指先を使ってつまんだり、ペットボトルのふたを長くつなげたものなどをひねってみようとしたり、腕や手首を動かしている。

● おもちゃや遊具などがあると、よけて進むことができるようになり、つまずきや転倒が少なくなっている。

低月齢

● せきがなかなか治らないが、大きく体調を崩すことはない。

● 指さしや単語などで自分の欲求を伝えようとする。願いがかなわなかったり、伝わらなかったりすると、泣いて抱っこを求める。

● チェーンなどを持ち上げ、容器の口をねらって落とし入れる。押し込んで入れるだけではなくなっている。

● 手をついても、もう一度自分で立ち上がって歩く。一人歩きできる子が増えてきた。

生活環境（保育環境・清潔・安全等） ✦

◎ 室内で過ごすことが増えるため、ステージやホールなどの広い場所で体を動かすことができるように、保育者間で話し合い、使用時間帯を調整する。

◎ バッグやカゴに様々なものを詰め込み、プレイルームや廊下に持って行き、ままごとをしている。ごっこ遊び用品を午睡中や夕方に、いつもの場所に戻す。

◎ 友だちと同じ遊びや同じもので遊ぶことが増えてきたため、布団に見立てる布やミルクに見立てるペットボトル（小）を多めに用意する。

◎ 食べたり飲んだり、口につけて遊ぶことが多いおもちゃは、消毒のスプレーを置き、素早く拭き取り、清潔なもので遊べるようにする。

◎ 噴霧器で湿度の調整を行い、せきがひどい子は、折りたたんだタオルを頭の下に敷くことで、呼吸が楽になるようにする。

◎ 午睡後に鼻水が固まってしまった場合は、湯でぬらして絞った個人のガーゼなどを使い、拭き取る。

生活
（睡眠・食事・排泄）

◎ 低月齢児は保育者に手伝ってもらいながらも一人で食べようとする。高月齢児は一人で食べられるようになってきた。身のまわりのことに関心をもち、自分でやってみようとすることが増える。

高月齢

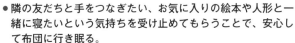

● 隣の友だちと手をつなぎたい、お気に入りの絵本や人形と一緒に寝たいという気持ちを受け止めてもらうことで、安心して布団に行き眠る。

● 保育者が手伝うことを拒み、スプーン、フォークを使って一人で食べる。

● 食べ終わると手を合わせて「ごちそうさま」をし、自分のおしぼりを使って顔を拭く。

● 排尿間隔が長くなり、2時間おむつがぬれない子もいる。

低月齢

● 自分の布団を見つけると寝転び、保育者にタッピングしてもらいながら眠ることもある。

● スプーンやフォークを握ったり、振ったりし、反対の手で手づかみして好きな物から食べている。

● おむつ交換を呼びかけると、おむつに手を当てたり、自らおむつ交換の場所へ行ったりする。

遊び

◎ 室内での遊びでも、走る、投げる、蹴るなど広い場所で全身を動かして遊んでいる。描いたり、貼ったり、通したりなど指や手を使った遊びも楽しんでいる。

高月齢

● ステージやホールでは、保育者に「待て待て」と追いかけられると、逃げて喜ぶ。

● ボールを投げる、蹴る、追いかける、さらに、保育者が転がしたボールを受け取るなど、目当てのある動きになってきた。

● シールやマグネット（平面）を貼ったり、はがしたりし、指先を使って遊ぶ。

● 人形を赤ちゃんに見立て、お母さん気分を楽しんでいる。

● トラブルになることもあるが、友だちと並んで同じもので同じように遊んで満足する。

低月齢

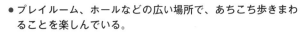

● プレイルーム、ホールなどの広い場所で、あちこち歩きまわることを楽しんでいる。

● すべり台を腹ばいで下からのぼり、上まで行くと、そのまますべることを、くり返し楽しんでいる。

● ベッドや柵の格子などの隙間や、穴の開いているものを見つけ、ボールやチェーンなど、入りそうなものを見つけて入れる。

● ままごとの食べ物やコップに口をつけて、飲むまねや食べるまねをする。

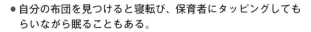

個別の計画へ

4月
5月
6月
7月
8月
9月
10月
11月
12月
1月
2月
3月

個別の計画 | **とわちゃん** (1歳8か月)

🏠 生活面 ✨

ねんね

子どもの姿

● スプーン、フォークを下から持ち、一人で食べたがる。

● トイレに行く友だちをまねて、「とわも」と言ってトイレに行き、友だちと並んで便座に座り喜んでいる。

● 友だちがズボンをはく様子を見て、まねて足を通そうとするが、うまくはけない。そこで、手伝おうとすると嫌がり、はくのをあきらめる。

● 人形を抱っこし、「ねんね」と言ってトントンしている。

保育の観点

● 最後まで一人で食べようとするので、最後は「集まれしてもいい?」など声をかけ、返事を待ってから集めるなどの援助を行う。

● 友だちと一緒にトイレに行くことが楽しそうなので、「○○ちゃんと一緒でうれしいね」など声をかけることで、引き続き楽しくトイレへ行くことができるようにする。

● ズボンをはけない不満も一過程ととらえ、ズボンをはきやすいように整えくり返すことで、足を通せるようになることを待つ。

● 布団に見立てて遊ぶ布や、ペットボトルで作ったミルクなどを多めに用意し、友だちと一緒に遊べるようにする。

⭐ 遊びの面 🎵

子どもの姿

● 地面を蹴る力が強くなり、コンビカーでスピードを出し、自由に方向転換して乗っている。

● ペン先を上に握って、手首を返して描こうとする。ペン先が紙に届かず描けていないことに気づき、持ち直す。紙にペンの色がつくと左右に動かして楽しんでいる。

● シールやマグネットを貼る。貼り終わると、人さし指と親指で、つかんではがそうとする。

保育の観点

● 廊下やプレイルームなど広い空間を確保し、のびのび動きまわって遊べるようにする。ぶつかることも予想されるため、少人数で安全に遊べるようにする。

● ペンが反対になっていても自分で気づかないことがあるが、援助のタイミングを見計る。

● 没頭してはがそうとしている時に妨げが入らないように、パーテーションなどで遮り、遊べるようにする。

ねらい	● 「じぶんで」という気持ちを受け止め、「ひとりでできた」という満足感を味わえるようにする。 ● スプーン、フォークを使って一人で食べきる。 ● 友だちと見立て遊び、ごっこ遊びを楽しむ。 ● 指や手首を使って楽しく遊ぶ。
内容（養護・教育）	● やりたいことについてタイミングよくポイントを伝え、容易にできるようにする。 ● 最後まで一人で食べることの満足感を味わえるようにする。 ● 見立て遊びやごっこ遊びを楽しむ中で、友だちとのやりとり楽しもうとする。 ● つまんだり、めくったりしながら、ものの感触や形、色などを楽しむ。
保育者の援助・配慮	● ズボンをはきやすくなるようにいすを用意する、持ち物がわかるように印をつけるなど、子どもが楽にできるようにする。 ● 一人でやろうとしている時は見守るが、ポイントとなるところは伝え、自分でできたという満足感を味わえるようにする。 ● 食べ終わりには「おなかいっぱいかな」と言って、器が空になったことや満足感を共有する。 ● 保育者の行動をじっと見ている時は、「えんえんしてるから、なでなでしてるんだよ」「○○ちゃん、ミルクをごくごくしてるね」など、保育者の行為の意味をきちんと伝える。 ● 行動や目線から、友だちの遊びがしたい、同じものがほしいなど、子どもの発信を待ちながらも予測し、おもちゃなど環境を準備しておく。 ● ポットン棒やひも通し、マジックテープの壁かけなど、指先を使う、形を合せたりするおもちゃを用意する。 ● パーテーションで部屋を区切ることで、指や手首を試しながら遊びに没頭できるようにする。
保護者との連携	● 休み明けは生活リズムや体調が崩れることが予想されるので、休み期間中の配慮事項をよく聞く。 ● 休み期間中の子どもの経験を聞き、興味や関心をもっている遊び環境を考える。

書き方のポイント

その子が一人でできたと思えるような保育者の援助について書かれています。

4月　5月　6月　7月　8月　9月　10月　11月　12月　1月　2月　3月

とわちゃんの振り返り

● 手洗いで泡の石けんを使う際、容器が倒れても何度も挑戦し、次第にポンプを押すことができるようになった。手を拭いた後、ハンドペーパーをごみ箱に捨て、満足そうにしていた。ズボンをはくためのベンチを用意したことで、楽に足を通せるようになった。

● スプーン、フォークを使い一人で食べ、保育者の援助を拒む。「集まれしてもいい？」と聞くと、首を横に振ることが増えてきたので、おいしかったと終わるようにする。

● シール、マグネットをはがすことに興味をもち、はがれるまで指を動かし没頭していた。同じ遊びを友だちと一緒に満足するまで遊んでいた。

生活面

「チッチ出たか、見せてね」
「チッチ」

子どもの姿

- 好きなものから選んで、手づかみで食べる
- スプーン、フォークを持って、振ったり、皿をたたいたりする。
- 日中はミルクを飲むことがなくなり、午後のおやつで牛乳を飲む。午前のおやつを開始し、喜んで食べている。
- おむつ交換を呼びかけると、ズボンをつかんで脱ごうとする。
- ほしいものや行きたいところなどを、指さしや声で伝えようとする。

保育の観点

- 汁物とおかずを食べ、ご飯は食べないことがあるが、おいしそうという気持ちを満たし、後から促して食べるようにする。
- スプーンやフォークは、いつでも使えるように手の届くところに出しておく。振る、たたくも経験としてとらえる。
- 「ズボン、脱ぎ脱ぎしようね」などと声をかけた後に、少し持つことで、自分で脱ごうとする機会をつくる。
- 指さしや言葉で伝えてくるのでわかりやすい。代弁して確認し、欲求を満たすようにする。

遊びの面

子どもの姿

- ベッドの下で友だちと追いかけっこをして楽しむ。
- 「コンビカー」に一人でまたいで腰を下ろす。背もたれをつかんで乗るため、後ろ向きに座り、ゆっくり前進して楽しんでいる。
- 絵本は、保育者がページをめくると、自分の好きなページをめくり返し、「ワンワン」など、うれしそうに指さしして見ている。
- チェーンやホース、お手玉など、入りそうなものを身近にある袋に入るだけ詰め込み遊ぶ。

保育の観点

- 「〇〇ちゃんいるね」「一緒でうれしいね」などと代弁し、遊びが楽しくなるようにする。
- 「コンビカー」では、体重をかけ過ぎてバランスを崩すこともあるため、転倒に気をつける。また、反対向きでも、自分で乗れたことに満足している時は、「ブーブ楽しいね」など喜びに共感する。
- めくり返して指さし発語するページでは、満足するまでくり返し、発語を楽しめるようにする。
- おもちゃを入れた時に音が出るミルク缶や、中が見える透明な容器を用意する。容器の入り口は、少し大きめにし、様々な形の好きなものを詰め込んで楽しめるようにする。

ねらい

- 伝えようとしていることが伝わるという体感をすることで、のびのびと生活できるようにする。
- 手づかみで食べつつ、スプーン、フォークを使う。
- 歩いたり、のぼったりなど、探索活動を存分に楽しむ。
- 手に持って入れたり、落としたりして遊ぶ。

内容（養護・教育）

- タイミングよく応えてもらうことで、安心して欲求を伝えることができるようにする。
- コップやおわんを持って飲んでみよう、スプーン、フォークを使ってみようとする。
- よじのぼる、歩く、またぐなど、興味の赴くままにあちこち探索する。
- 同じことを満足するまでくり返し、ものの性質や音などを楽しむ。

保育者の援助・配慮

- 声や指さしにタイミングよく応答し、他者に伝わることの喜びを味わえるようにする。納得した表情が見られた時は、「○○だね」と代弁し、行動と欲求を結びつける。
- 食べにくいものは声かけし食べさせるが、スプーンとフォークを用意することで、一人で食べることと同時に行うようにする。
- 果物などはフォークに刺すところを見せ、フォークを使ってみることを促す。
- あちこち自由に動くことの楽しさを味わうとともに、デコボコやのぼり坂など新たな経験をできるようにする。
- 動きが活発になっているが、転倒やけがが起こる危険もあるため、子どもの動線を予測し素早く対応できるようにする。
- チェーン、ホース、お手玉など、入れたり落としたりをくり返すことで満足感が得られるようにする。

書き方のポイント

まねたり、促されたりしながら子どもなりに工夫し次第に使いこなすようになる取り組みが示されています。

保護者との連携

- 長期休み中の生活リズムや体調を聞き、眠る・食べるを軸に園で気持ちよく過ごせるようにする。
- 一人で食べ、コップから一人で飲むようになってきたので、衣服の汚れ、着替えの回数が増えるため、着替えの用意を多めにお願いする。

ひなのちゃんの振り返り

- 指さしで伝えることが多く、「ブーブ」「行っちゃったね」「おっきかったね」など、さらに言葉を加えると、うれしそうに「ブー」とくり返し言う。保育者に応答してもらうことを喜ぶ姿が見られた。
- 手づかみ食べが主であるが、フォークを持って口に運び食べるようになった。一人でフォークに刺そうとすることも出てきた。フォークを使ってみようとする気持ちを受け止め、見守る。
- すべり台などにのぼったり、段ボール箱などを押したり、コンビカーにまたがったり、動きが活発になってきた。足元が不安定なところもあるため、けがに気をつけながら、動きたい気持ちを十分に満たす。
- 容器や入れるものを増やし、入れたり落としたりを楽しめるようにする。今後は、細長い口や小さめの口の容器を用意する。

クラスにおける子どもの姿

健康・情緒 ♥♥

◎ 感染症などにより体調を崩しやすい時期なので、検温、触診を行い、体調に気をつけて過ごす。自我が芽生え自分の気持ちを行動や言葉で表すようになり、保育者や子ども同士のやりとりが盛んになってきた。

高月齢

- 自分の気持ちを言葉や行動で強く主張する。保育者に欲求を受け入れてもらったり、代弁してもらうことで、折り合えるようになってきた。
- 手洗いを呼びかけると、保育者に石けんをつけてもらい、手をこすり合わせて洗うことができる。
- 高いところにのぼって立ったり、小走りで移動できるようになる。
- 自分の衣類を取り出し、一人で脱いだりはいたりしようとする。

低月齢

- 風邪や感染症により、体調を崩すことが多い。せき、鼻水が長引いている。
- 自分の欲求を指さしや身振り手振り（イヤイヤ等）で訴える。その時の気持ちをくみとってもらうことにより、話を聞けるようになってきた。
- 歩行が安定し、低い階段や台をのぼりおりをして遊ぶ。
- 顔拭き、手拭きを嫌がる。
- 自分の靴下やズボンがわかり、脱いだりはいたりしようとする。

生活環境
（保育環境・清潔・安全等）

◎ 新型コロナウイルスの感染予防のため、家庭と連携し、検温、手洗い、消毒を確実に行うとともに、家族の健康状態を把握する。

◎ ホールでの遊びば、幼児組の活動の妨げになったり、ぶつかったりするので、スペース分けをする。死角をつくらないように保育者の立ち位置に気をつけながら遊ぶ。

◎ 絵本は自分で選べるように、表紙を出して手の届く位置に置く。

◎ 感染症が流行しやすい時期のため、次亜塩素酸の噴霧器を使用する。おもちゃや壁の消毒を徹底する。

◎ のぼって遊ぶ場所には、落下によるけが防止のためにマットなどを敷き、のぼる経験を安全に行えるようにする。

生活
（睡眠・食事・排泄）

◉ 友だちとトイレに行こうとしたり、友だちの姿を見たりする。おいしそうに食事をする
保育者や友だちを見て、一緒に食べることを楽しむ。

高月齢

- 眠りに入る前の絵本を自分で選び、保育者に読んでもらうのを楽しみに待ち、読後は布団に行き眠る。
- 食べたくないものは拒み続けるが、保育者や友だちがおいしそうに食べている姿を見ることで、「食べてみようかな」と興味をもち、フォークでつついたり、触れたりして食べることもある。
- 保育者と一緒にトイレに行き、自ら便器に座り排尿しようとする。排泄した後に知らせる時がある。

低月齢

- 布団の上で絵本を読んでもらったあと、タッピングをしてもらいながら安心して眠る。
- 離乳食が完了し、幼児食に近いものをかんで食べている。
- 手づかみ食べと並行して、スプーン、フォークを使ってみようとする。こぼしながらもコップを持って飲む。
- おむつ交換を呼びかけると、おむつ替えのマットや自分のおむつを指さしたり、取りに行こうとする。
- ズボンを脱いだり、足を通そうとしたりする。

遊び

◉ 歩行が安定したことで、探索行動の範囲が広がるとともに、ジャンプなども楽しんでいる。
◉ 友だちに関心をもち一緒に遊ぶが、おもちゃの取り合いなどでトラブルが起きやすい。
互いの気持ちを代弁し、子どもなりの気づきから折り合いどころを探り出す。

高月齢

- ベランダに出て年上児の声や遊ぶ姿を見て喜び、楽しさを共有しようとする。
- ホールやプレイルームなど広い場所で、追いかけっこやトランポリン、トンネルくぐり、ボール投げなど活発に動きまわる。
- 手遊びやくり返しの歌詞が出てくる歌を好み、ピアノに合わせて踊る。
- バッグなどを手に下げて「バイバイ」と手を振り合う。

低月齢

- トランポリンや「コンビカー」に乗ったり、乳児用すべり台や階段をのぼったりなどをする。
- 天気のいい日は外に出たり、ベランダから雪を見たりする。雪にさわり、冷たさや感触を楽しむ。
- 絵本の中のくり返しの言葉や、簡単な動作を楽しむ。
- 容器に食べ物やチェーンを入れたり出したりしてままごと遊びをする。

4月
5月
6月
7月
8月
9月
10月
11月
12月
1月
2月
3月

個別の計画へ

2月 個別の計画 | とわちゃん (1歳9か月)

🏠 生活面 ✨

子どもの姿

- 腕まくりをして手を洗おうとする。蛇口を開けようとする。
- スプーン、フォークを使って一人で食べようとする。手伝いは拒む。
- 排泄後「チッチ」と言いながら排泄を知らせ、自分でズボンを脱いでトイレに行こうとする。
- 自分でズボンをはこうとする。

保育の観点

- 身のまわりのことを自分でやろうとしている時は見守り、手伝いを求められた際は、丁寧にやり方を伝える。
- 手を使って集めて、食べようとする。保育者が集めて「集まれ集まれ〜」など、きれいに食べられた満足感を感じられるようにする。
- 尿意を知らせた時は、知らせてくれたことをほめ、トイレに誘い、排泄後の気持ちよさを味わえるようにする。
- ズボンに足を通しやすくなるよう腰かけ用の台を用意する。片方を通せたら大いにほめる。

🎵 遊びの面 🎵

子どもの姿

- 幼児組が近づいてくると喜んで追いかけたりする。また、抱っこしてもらい一緒に遊んでいる。
- ベランダや戸外に出て外気に触れ、雪に触れると「冷たい」と目をつむるが喜んでいる。
- 友だちが登園してくるのを待っている。
- 生活や遊びの中で感じたことや気づいたことを、2語文で話すことが増えてきた。
- ごっこ遊びの中で身近な人をまねして遊ぶ。

保育の観点

- 姉や姉の友だちとも遊べる機会を多くもつようにする。保育室のほかで出会う人への関心を高める。
- 雪を両手でつかんだり、投げたりして雪の感触を楽しんでいる。さらに戸外の自然に興味をもち、触れたり遊んだりを楽しめるようにする。
- 友だちとの遊びを楽しみにしているので、保育者が仲立ちし一緒に遊べるようにする。
- 短い言葉の意図を読みとり丁寧に応答することで、話したいという意欲をもてるようにする。

94

ねらい	●身のまわりのことをやってみようとする気持ちが受け止められ、安心して行おうとする。 ●トイレに行くことを喜び、トイレで排泄する。 ●ごっこ遊びや雪遊びなどで友だちと関わり、一緒に遊ぶ。
内容（養護・教育）	●着脱など、「じぶんで」とのこだわりには、保育者の見守りの中で、一人でやってみることを楽しめるようにする。 ●排泄のタイミングを把握し、排泄時のスッキリ感を味わえるようにする。 ●ごっこ遊び、ふり遊びで、おもちゃや用具を使って友だちと一緒に遊ぶ。
保育者の援助・配慮	●そばを離れて遊んでいる時も、ここにいるよと見守る。振り向いて何かを伝えようとしたときはすぐに応答し、安心して友だちと遊べるようにする。 ●遊びの一区切りなどタイミンクよく誘い、気持ちよくトイレに行く。自分のタイミングでトイレに行けるという安心感をもてるようにする。 ●排泄した時は「すっきりしたね」など、体感を言葉にすることで、排泄時の快感を味わえるようにする。 ●ズボンを脱いだりはいたり、上着に手を通そうとしている時はしばらく見守る。 ●遊びや生活の中で近くの友だちを見つめ、指をさして名前を呼び興味を示した時は、「○○ちゃんだね」「どうぞしてみる？」など、簡単なやりとりを保育者が仲立ちして行う中で、関わり方を知らせる。 ●手をつないで歩く時、「おててつないで、うれしいね」と、友だちと関わる楽しさを感じられるようにする。走る時は、タイミングを見て手を離すことをさりげなく誘う。 ●ごっこ遊びに必要なおもちゃだけでなく、描いたり、折ったりなど指先を使えるようにする。
保護者との連携	●感染症が流行する時期なので、いつもより熱が高い場合やせきが出る場合は、園と家庭での様子を伝え合うことで、体調の変化を見逃さないようにする。 ●着脱に興味をもっていることを伝え、着脱がしやすい形状の衣類を用意してもらう。 ●身のまわりのことに興味を示し、「じぶんで」しようとしている気持ちを、家庭とともに高めるようにする。

4月　5月　6月　7月　8月　9月　10月　11月　12月　1月　2月　3月

とわちゃんの振り返り

●甘えたい時、少し抱っこしてもらったり、言葉で応えてもらったりすることで、またすぐに遊びに向う姿が見られた。安心して「じぶんで」「いやいや」などの自己発揮をできるようにする。

●トイレに喜んで行くが、排泄するには至っていない。排泄のタイミングも様々で、うまく把握できなかった。現在は楽しくトイレに行くことを大事にしつつ、引き続きタイミングの把握に努める。

●一緒に遊びたい友だちがいると、自分から小走りでかけよる姿が見られた。また、保育者を介して「どうぞ」などのやりとりを行い、友だちもうれしそうに笑ったり、同じように行動で返してくれたりすることを喜ぶ姿が見られている。

2月 個別の計画 | ひなのちゃん （1歳2か月）

🏠 生活面 ✦

子どもの姿

- 幼児食に近づき、ご飯やおかずをよくかんで喜んで食べている。

- スプーン、フォークで食べようとし、うまく使えないと刺して（のせて）と保育者に渡し、刺して（のせて）あげると食べる。

- コップ飲みに慣れ、こぼれることが多いが、自分で飲んでいる。

- 手や顔を拭くのを嫌がり、保育者がおしぼりタオルを持つと顔を背ける。手は自分から差し出す。

保育の観点

- スプーン、フォークを用意し、試す姿が見られた時は見守るようにする。援助を求めた時も少しだけ援助し、一人で食べたという満足感を味わえるようにする。

- 汁物は一回の量を飲みきれるようにコップに注ぎ、さり気なく手を添えるが、一人で飲めた満足感を味わえるようにする。

- 手や顔が汚れていることに気づけるよう鏡を見る。温かいタオルで顔を拭き、気持ちよさを感じられるようにする。

✿ 遊びの面 ♪

ブーブー

ワンワン

子どもの姿

- プレイルーム、ホールなどを指さし、一緒に行くと乳児用すべり台にのぼったり、小走りで動いたりして楽しんでいる。

- ままごとの茶わんなどに手を入れて食べるまねやいただきますのしぐさをする。電話のおもちゃがあると電話で話すまねをする。

- 鍵やファスナーなど、指先でつまんで遊ぶ。

- 興味のあるものを見つけると指さしして「ブーブ」「ワンワン」など、保育者の言葉をまねして語尾や言葉の一部分を話そうとする。

保育の観点

- 小走りなど様々な動きができるようになったので、広い場所で存分に動きまわれるようにする。

- 指さしで伝えようとしていることに応え、やりとりを通して伝わり合うことを体感できるようにする。

- 生活の中での見立て遊びが盛んになるので、茶わんやレンゲなどを用意する。保育者も一緒に遊ぶことで遊びを広げる。

- 指先が発達したことで、小さいものをつまんで動かすことができるようになり、楽しんでいる。危険のないものであれば、いたずらも遊びのひとつととらえる。

- 興味のあるものの表示や絵本を用意し、それをきっかけとして発語を促す。

ねらい	●眠りと食事の生活リズムが整い、機嫌よく遊べるようにする。 ●スプーン、フォークを使って食べようとする。 ●身近なことをまねして遊ぶ。 ●保育者と一緒に言葉のやりとりを楽しむ。

書き方のポイント
子どもの生活は大人の準備で進められますが、子どもなりにもっている生活の見通しを大切にしています。

内容（養護・教育）	●午後寝が定着してきたのでぐっすり眠り、機嫌よく遊べるようにする。 ●手づかみ食べをしながらも、スプーン、フォークも使ってみようとする。 ●生活の中で経験していることや保育者のしていることをまねして遊ぶ。ごっこ遊びや模倣遊びを友だちと一緒に楽しむ。 ●生活の中で目にするものや絵本を見て、知っているものを言葉で伝える。

保育者の援助・配慮	●保育者と一緒に布団を敷くなど準備をし、好きな絵本を読んでもらうことへの期待が高まるようにする。 ●スプーンですくいやすいように、フォークでさしやすいように一口大にし、平らな面があるようにする。 ●自分で試して使ってみようとすることは、時間がかかっても見守る。援助を求められた時は、手を添えるが、一人で食べたという満足感を得られるようにする。 ●楽しく遊べるように、身近にある茶わんやレンゲなど、子どもの使いやすい用品を準備する。 ●見立てやつもり遊びからままごとなどに発展するように、「○○かな？」と問いかけたりする。 ●いつでも手が届くところに絵本を設定し、取り出して見ることができるようにする。 ●「ブーブ」「ワンワン」など、指さしで伝えようとしている時は、「ブーブいたね」など、語尾に隠れている言葉を補って応答し、伝わる喜びを感じられるようにする。

保護者との連携	●園での食事の様子、スプーン、フォークへの興味を伝え、家庭での食事の様子を聞き、進める。 ●感染症が出ているため検温、顔色確認などをしっかり行い、体調の変化が見られた際は詳しく伝え合う。

ひなのちゃんの振り返り

●午睡に誘うと保育者のもとへ喜んでくる。自分の持ち物がわかるようになり、自分の布団を指さし安心して寝転がる。

●スプーン、フォークを握り、うまくすくえない（させない）と「んー!!」と声を出して訴え、のせて（さして）あげると喜んで食べている。ご飯（白米）を保育者に促されると食べる。味の違いがわかってくる時期でもあるため、半分は食べることを目標とする。

●楽しい遊びは「もう1回して」と訴え、後日、保育者がしていたことをまねして遊んでいた。模倣から次第にイメージが広がり、ごっこ遊びになっていることが多く見られた。

●盛んに言葉を発し、伝わる喜びを表情やしぐさでコックンとうなづくなどで表わしている。

4月 5月 6月 7月 8月 9月 10月 11月 12月 1月 **2月** 3月

クラスにおける子どもの姿

健康・情緒 ❤❤

◎ 季節の変わり目で、気温差で体調を崩しやすくなることが予想される。自我が育ち、自己主張が見られるようになっている。

高月齢

- 「じぶんで」という気持ちが見られ、手洗い、ズボンや靴下の着脱など、簡単な身のまわりのことを援助されるのを嫌がり、自分でやろうとする。
- 自分のしたいことを言葉や態度で伝えようとする。
- 食事の準備が始まると、水道の前に行き、腕をまくり、蛇口をひねろうとする。石けんも自分でつけ、手洗いをする。

低月齢

- 気温差や感染症によって、熱、鼻水、せきなど体調を崩すことがある。
- 食事の前に手洗いを呼びかけると、水道の前に行き腕をまくろうとしたり、石けんをつけようとしたりする。保育者をまねて、こすり洗いをしようとする。
- 自我が育ち、嫌なことには、首や手を横に振って嫌がる。自分の欲求が通らないと泣いて訴える。

生活環境（保育環境・清潔・安全等）

◎ 感染症予防のために換気を随時行い、おもちゃ、室内の消毒をこまめに行う。

◎ 暖かい日はベランダや戸外で遊ぶので、ベランダを清潔にする。また、乳児園庭を整備するとともに、ベビーカーの点検も行い、安全に散歩や遊びを行えるようにする。

◎ 進級に向けて新しい環境で安心して過ごせるよう、1歳児クラスに遊びに行く際は、事前に保育室の環境整備やおもちゃやなどを確認して安全に楽しく遊べるようにする。

◎ トイレや便座が混み合わないように、一人ひとりのタイミンに応じて誘う。

生活
（睡眠・食事・排泄）

◉ 身のまわりのことに関心をもち、保育者や友だちの姿をまねて、自分でやってみようとする姿が見られる。

高月齢

- 遊び続けたいと寝ることを拒むこともあるが、絵本を読んでもらえることがわかると喜んで布団に行き、横になり、眠る。
- スプーン、フォークを使って食べられるようになり、手づかみ食べがほとんど見られなくなる。左手で食器を支えて、食べる。食べこぼしも少なくなる。
- トイレに行き、便座に座り、排泄しようとする。タイミングが合えば排尿をする。ズボンの着脱を自分でしようとする。

低月齢

- 好きな絵本を選んで持ってきて、保育者と一緒に布団へ行き、絵本を見ながら眠る。
- スプーン、フォークを使って自分で食べようとする。スムーズに食べられないので、反対の手で手づかみになることも多いが、自分で試しながら食べている。
- 高月齢児がトイレに行く姿を見て興味をもち、指さししたり、のぞいたり、入ってみようとする。

遊び

◉ 天気のいい日は戸外に出て、目に入ったものや知っているものなどを盛んに指さし、話すようになった。友だちへの興味も高まり、友だちの持っているものをほしがったり、友だちの間に入ろうとしたりする。トラブルになることもあるがすぐに納まり、顔を見合わせて笑い合い、関わりを喜ぶ。

高月齢

- 乳児用園庭、中庭で靴をはいて遊ぶ。小走りし、植物に触れて散策を楽しんでいる。
- 曲が流れると友だちと手をつないで一緒に踊る、うたうなどをして楽しむ。
- スカートをはいたり、エプロンを身につけたり、つもり遊びを楽しんでいる。
- 好きな絵本や手遊びを「もう一回」と、くり返しを求める。また、歌や絵本の言葉などが盛んに出る。

低月齢

- 天気のいい日はカートで散歩に出かけたり、ベランダで外気に触れたりする。園庭や「おひさま広場」で見えるものを指さし、言葉にすることを楽しむ。
- 友だちに興味をもち、近づいて、同じ遊びをしようとする。また、友だちのものをほしがり、トラブルになる。
- 「コンビカー」に乗り両足で前後にこいだり、押したりして遊ぶ。
- 保育者に好きな絵本を持ってきて読んでもらい、簡単な言葉をまねる。手遊びを楽しむ。

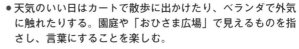

個別の計画へ

4月
5月
6月
7月
8月
9月
10月
11月
12月
1月
2月
3月

3月 個別の計画 | とわちゃん （1歳10か月）

🏠 生活面

子どもの姿

- ズボンの着脱、手洗い、食事など、自分でしようとする。保育者が援助しようとすると、「とわちゃんが」と大きな声で拒む。

- トイレに行き、便座に座る。排尿間隔が短く、おむつがぬれていることが多いが、力むなど、排泄しようとする姿が見られる。

保育の観点

- 自分でしようとする気持ちを受け止める。嫌なことには「いやいや」、いいことには「うん」と、言葉や態度で伝えることができるため、援助する前に聞くようにする。満足するまで取り組めるような場所、時間を設ける。また、さり気なく手伝うことで、自分でできたという満足感を得られるようにする。

- 排尿しようとする意志があり、トイレに喜んで向かっているため、保育者が排尿のタイミングをしっかり把握できるようにして、トイレで排尿できるのを待つようにする。

🎵 遊びの面

子どもの姿

- 人形を寝かせたり、おんぶしたりして遊ぶ。スカートやエプロンをつけ、ままごとを楽しんでいる。

- 1歳児クラスのおもちゃ、遊びに興味を示し、遊ぼうとする。一方で、年上の子に対しては少し離れて様子をうかがう姿が見られる。

- 戸外では自由に行きたいところへ行き、散策を楽しんでいる。

- 「さんぽ」の曲が流れると、友だちと手をつないで、歩くことを喜ぶ。「歩こう、する」とくり返し求める。

保育の観点

- 見立て遊びやつもり遊びが盛り上がるような環境を準備する。また、保育者が仲立ちとなり、イメージが膨らむようにする。ゆっくりとはっきりと話すことにより、感情交流ができるようにする。

- 年上の子の遊びには興味を示しているため、遊びやおもちゃを通し、保育者が仲立ちとなり、おもちゃの貸し借りや一緒に遊ぶ喜びを感じられるようにする。

- 室内で過ごすことが多かったため、戸外に出るとのびのびと走る姿が見られる。天気のいい日は存分に体を動かせるようにする。

- 友だちと手をつなごうとするが、手をつないでもらえないこともあるので、仲立ちする。

ね ら い	● 簡単な身のまわりのことを自分でやろうとする。 ● こぼしながらも食具を使って一人で食べる。 ● 促されて便座に座り、排尿しようとする。 ● 友だちや異年齢児と関わって遊ぶ。
内容（養護・教育）	● 自分でやりたい気持ちを受け止め、さりげない援助をし、満足感を得られるようにする。 ● 子どもなりのイメージで、一人で食べることを楽しむ。 ● タイミングが合えばトイレで排尿し、気持ちよさを体感する。 ● 友だちや年上の子と関わる中で、模倣遊びや言葉のやりとりを楽しむ。
保育者の援助・配慮	● スプーン、フォークを選び食べてみることで、食べやすさを体験しているので、子どもなりの工夫を見守る。こぼすこと、時間がかかることは、発達の過程であるととらえ、楽しく食べられるようにする。 ● ズボンをはけるように、トイレに行っている間にズボンをそろえ、座る場所（ベンチ）を設ける。じっくりとはけるようにする。 ● 排尿間隔を把握し、トイレに誘う時は、遊びの妨げにならないタイミングで声をかける。 ● 便座に長く座っていても、子どもが立ち上がるまで待つ。 ● 排尿しなくても、「また来ようね」などと声をかけることで、次もトイレに行くことを楽しみに思えるようにする。また、排尿が成功した場合は、排尿できたことを一緒に喜ぶ。 ● 年上の子と遊ぶ時は、まねをして同じおもちゃをほしがったり、遊びに入ろうとしてトラブルになったりすることがある。双方の気持ちを代弁し、同じおもちゃや代わりのおもちゃを用意し、やりたい（まねしたい）遊びを楽しめるようにする。 ● 模倣遊びや見立て遊びでは、保育者がそばで見守り、茶わんを渡したりする。一緒に遊ぼうと誘われたら入り、遊びが広がるような言葉かけややりとりを行う。
保護者との連携	● トイレに誘うタイミングや子どもの姿を伝え、トイレトレーニングの進捗状況と援助について共有する。 ● 進級への期待や準備など、保護者の気持ちを受け止める。進級に向けて1歳児のクラスで遊んだり、年上児と関わったり、楽しく遊んでいる姿を伝え、安心できるようにする。

書き方のポイント

子どもの奥に潜む願いを完全に読み取ることは難しいですが、子どもの言葉や態度の奥に思いをめぐらせながら関わりましょう。

4月
5月
6月
7月
8月
9月
10月
11月
12月
1月
2月
3月

とわちゃんの振り返り

● 身支度を一人でしようとしている時は拒むが、蛇口をひねるなど、できない時は手助けを求める。

● 便座に座って力を入れたり、「シーシー」と排尿しようとしたりする。引き続き、楽しくトイレに行く中で、排尿の成功を増やす。

● 年上の子やほかのクラスの保育者への興味をもつようになってきた。初めてみるおもちゃなどに興味をもち、遊び方をまねしてみる姿が見られた。

3月 個別の計画 | ひなのちゃん（1歳3か月）

🏠 生活面 ✨

子どもの姿

- スプーン、フォークで食べようとするが、うまく使えないので、スプーンにのせ、フォークに刺してもらって食べる。
- ごちそうさまの後に自分のおしぼりを指さし、手を拭いてもらうが、口をふかれると顔を背ける。
- ズボンの足を通すところが見えるようにすると、足を通し、両足を通すとズボンを上げようとする。
- 自分の意図と異なる場合は「いやいや」と首と手を振って訴える。

保育の観点

- 食具への援助を求められた時は、「ちっくんするよ」など、ゆっくりとした動作と声かけを行うことで、使い方に目が向くようにする。
- おしぼりを用意する際に、「ひなちゃんのおしぼりだよ」と、おしぼりが近くにあることを知らせ、手を伸ばし取れるよう置く。
- 自分でしようとする姿を見守り、さりげなく援助し、自分でできたという達成感を味わえるようにする。
- 「いやいや」と訴える姿が見られた際は、「○○嫌だったんだね」と代弁し、伝わっていると感じられるようにする。

🍁 遊びの面 ♪

...ちゃん

子どもの姿

- 好きな友だちの名前を呼んだり、顔をのぞき込んで笑いかけたり、相手からも笑顔で応答があることを喜んでいる。
- 絵本を持ってきて保育者のひざに座って読んでもらい、ものの名前や絵本の内容を言う。指先を使って絵本をめくる。
- 「コンビカー」に乗り、両足でこいで前進したり、バックしたりして遊ぶ。
- 天気のいい日は、ベランダに出る、カートで園庭を散歩するなどを喜ぶ。

保育の観点

- 友だちに興味を示し、関わろうとする姿が見られる。友だちを意識して遊んでおり、おもちゃの取り合いなどもあるため、「貸して」「どうぞ」など仲立ちをし、やりとりを促す。
- 簡単な言葉やくり返しの言葉がある絵本を多めに用意し、様々な絵本に触れるようにする。お気に入りの絵本の中で、興味・関心のあるものごとを言葉にして伝えようとする。好きな本は、くり返し読み、イメージを膨らませる。
- 運動機能が発達し、コンビカーにも安定して乗り、前後にこいで動くことができる。そばで見守り、体を存分に動かせるようにする。

ねらい	●自分の思いや欲求を言葉やしぐさで伝えようとする。 ●食具を使って一人で食べる。 ●絵本や、保育者や友だちの遊びや言葉を、まねて遊ぶ。
内容（養護・教育）	●欲求や思いを伝えようとする行動や声を的確にくみとり、伝わることの喜びを味わえるようにする。 ●手づかみ食べをし、スプーンやフォークも使って食べ物をすくい、食べる。 ●簡単なくり返しの言葉や、生活の中でなじみのある言葉をまねして発語する。 ●友だちの行動や遊びをまねして楽しむ。
保育者の援助・配慮	●自分の気持ちや思いを伝えようとしている時は、丁寧に受け止めることで、存分に主張できるようにする。また、気持ちをくみとり代弁することで思いを共有し、言葉やしぐさで伝わる喜びを感じられるようにする。 ●援助を求められた際は、保育者か手を添えてくり返し一緒にすくってみる。すくいやすい食器を使い、食材の大きさを調節する。 ●発語しやすい言葉（くり返し、簡単な単語）を選び、何度もくり返すことにより、話す楽しさを体感する。 ●好きな絵本を選べるように、絵本は手の届くところに置く。また、絵本を読む時は、保育者の声がしっかりと聞こえるように、落ち着いた空間で読む。 ●友だちのまねをして楽しんでいる時は、「一緒は楽しいね」「うれしいね」など、気持ちを代弁することで、その時に子どもが体感していることを言語化する。 ●友だちと同じものがほしくて取り合いになった時は、「貸して」「ありがとう」などやりとりがあると気づくようにする。
保護者との連携	●駄々をこねることについては、子どもなりの意味があること、成長の過程であることを共通理解し、対応を工夫する。 ●絵本は、語彙が多くなっていることの機会の一つであると伝え合う。 ●進級に向け、高月齢児と一緒の部屋でも楽しく遊んでいる姿を伝え、安心してもらう。

書き方のポイント

「貸して」「ありがとう」などの友だちとのやりとりを、日常生活の中で自然に身についていくようにする保育のねらいが示されています。

4月 5月 6月 7月 8月 9月 10月 11月 12月 1月 2月 3月

ひなのちゃんの振り返り

●自我が育ち、様々な場面で駄々をこねるようになったのは、本児の思いがあることを理解し、「○○する？」など声をかけ反応を見ながら、落ち着きどころを見いだせるようにする。

●友だちが甘えると同じように食べさせてほしいと訴えることもあったが、友だちが自分で食べる姿をまね、自分で上握りでスプーンを持ち、食べようとしている。「おいしいね」「自分でできたね」など声をかけると、満足そうな表情が見られた。今後も楽しく食事をし、スプーン、フォークを使えるようにする。

●絵本をくり返し見る中で、絵に合わせて発語する姿が見られた。「ジャージャー」「ポタポタ」「パッパ」など音を表す言葉に興味を示し、喜んでまねしている。発語の楽しさを味わい、さらに発語を促す。

第**3**章

乳幼児保育の
基本と展開

1 生涯発達における乳幼児期の意義

① 社会の中の子ども ——関係の網目の中で生きる

　人（乳児）は、すでにある人やものの関係の網目の中に生まれてきます（図8参照）。そして、そこで生活を始めることになります。そこでの生活は人（乳児）の生きることを方向づけます。

図8　社会の中の子ども

マクロシステム
● 社会制度の体系
● 文化
● 宗教
● 子ども観、教育観等

メゾシステム
● 家庭と保育所、
　認定こども園、幼稚園、
　学校などとのつながり
● 家庭と近隣とのつながり

エクソシステム
● 親の職場環境
● きょうだいの学校
● 親の友人
● 地域の子育て支援活動等

子ども

マイクロシステム
● 家族、保育所、
　認定こども園、幼稚園、
　学校等

参考文献：U. ブロンフェンブレンナー著、磯貝芳郎・福富護訳『人間発達の生態学—発達心理学への挑戦』川島書店、1996年

　発達初期の子どもは、生きていくうえで最低限必要な力をもって生れてきます。その力は、体の内外に向けて活発に動いています。しかし、その力だけで生活は成り立ちません。周囲の人（保護者や保育者）に「受け止められ応答」してもらうことで、その力ははじめて「生きる力」となり、乳児の生活が成り立ちます。この意味において、乳児が生きることは、その最初から社会の中での営みとなります。

　また、乳児と生活を共にする人（保護者や保育者、以下同様）も、一人では生きていません。多様な関係の網目の中での行動の積み重ねによって得られた、生活に対する感覚や考え（価値観）をもってそこに居ます（図8の「マクロシステム」参照）。つまり、家庭や保育の場でくり広げられている関わりは、子どもと保護者や保育者との関わりだと映りますが、保護者や保育者の背後に多くの人との関わりがあるということから、社会の中での営みなのです。

　社会は、多くの人の具体的な関わりの在り方の総体です。社会は、人の在り方や育ちに影響を与えます。そして、社会は一定ではありません。時間（時代）と空間（具体的な生活の場）での人やものとの関わりが変わると、社会も変化します。

　先に述べたように発達する存在としての子どもは、自らの力だけで生きることができず、自らの生きる力を大人に受け止められ応答されることで、その生活が成り立つという特性をもっています。人として自立するまでの一定期間は、保護者や多くの大人に保護されながら、人として尊重されることになります（図9参照）。

図9　子ども権利条約・4つの柱

| 1　生きる権利 | 2　育つ権利 | 3　守られる権利 | 4　参加する権利 |

子どもの権利条約
- 子どもの基本的人権を国際的に保障する条約
- 子どもを一人の人間としての人権を認め、成長の過程で特別な保護や配慮が必要な子どもならではの権利も定めている
- 権利の4つの柱 ── 生存、発達、保護、参加という包括的な権利を実現・確保するための具体的な事項の規定
- 対象は18歳未満の児童（子ども）
- 1989年の第44回国連総会において採択、日本は1994年に批准する

② 変化の激しい 予測困難な社会を生きる力

社会は今、激しい変化の中にあり、未知の課題に試行錯誤しながらも対応することが求められる「知識基盤社会」であると言われます（表3参照）。

表3　社会の変化と必要とされる力

	これまでの社会	これからの社会
社会の在りよう	変化が比較的穏やかな安定した社会 ➡先行きが予測可能 ● 工業化社会	変化の激しい社会 ➡先行きが予測しにくい ● 知識基盤社会
社会を生きる上で必要とされる力	● 知識技能の習得、再生 ● 情報処理力	● 知識技能の習得、再生 ● 情報処理力 ＋ ● 知識技能の活用 ● 情報編集力
学びの目指す方向	情報化やグローバル化など急激な社会的変化の中でも、未来の創り手（よりよい社会と幸福な人生の創り手）となるために必要な資質・能力を獲得する	

このような社会の中で、子どもとどのような生活をつくり上げていけばよいのでしょうか。また、変化の激しい社会を生きていくうえで、子どもにはどのような資質・能力が望まれているのでしょうか。

中央教育審議会教育課程企画特別部会では、知識基盤社会にあって「…（略）…新たな価値を生み出していくために必要な力を身につけ、子供たち一人一人が予測できない変化に受け身で対処するのではなく、主体的に向き合って関わり合い、その過程を通して、自らの可能性を発揮し、よりよい社会と幸福な人生の創り手となっていけるようにすることが重要である」と述べています。さらに、知識基盤社会において、新たな価値を生み出していくために必要な資質・能力として3つの柱、「知識・技能」「思考力・判断力・表現力等」「学びに向かう力・人間性等」を示しました（図10参照）。

人は、今もち合わせている能力を使って生きています。よりよく生きようとすると、今もち合わせている能力（何を理解しているか・何ができるか＝知識・技能）がある

図10　育成を目指す「資質・能力」

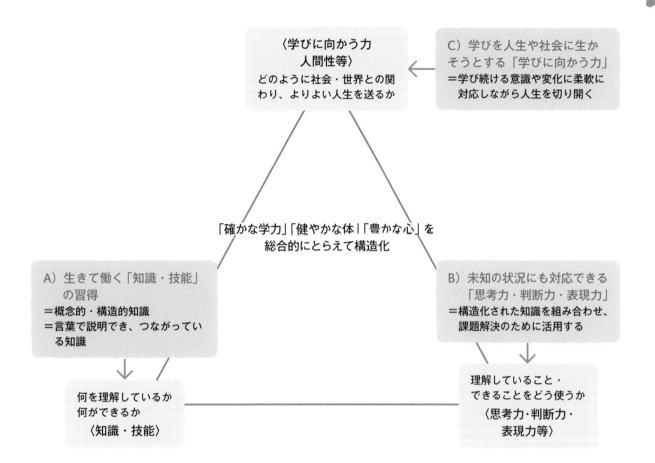

〈学びに向かう力
人間性等〉
どのように社会・世界との関わり、よりよい人生を送るか

C）学びを人生や社会に生かそうとする「学びに向かう力」
＝学び続ける意識や変化に柔軟に対応しながら人生を切り開く

「確かな学力」「健やかな体」「豊かな心」を
総合的にとらえて構造化

A）生きて働く「知識・技能」
の習得
＝概念的・構造的知識
＝言葉で説明でき、つながっている知識

B）未知の状況にも対応できる
「思考力・判断力・表現力」
＝構造化された知識を組み合わせ、課題解決のために活用する

何を理解しているか
何ができるか
〈知識・技能〉

理解していること・
できることをどう使うか
〈思考力・判断力・
表現力等〉

出典：中央教育審議会教育課程企画特別部会、平成28年8月1日　資料2より

　程度、豊かであることが必要です。さらに、この今もち合わせている知識・技能を、どこで・どのように用いて行動するのかを判断する、「持ち合わせの力を用いる力（思考力・判断力・表現力等）」も必要です。

　また、今のもち合わせの力だけでは乗り越えるのが困難な状況で、「こうありたい・こうしたい（よりよく生きたい）」と、今を超えていこうとする力も必要になります。これは「学びに向かう力」と言えます。

　子ども一人ひとりの「こうありたい・こうしたい（よりよく生きたい）」内容は、それぞれの人間性に関わる部分だと考えることができます。そして、これらの資質・能力は、社会の中での生活（人やものとの関わり）を通して培われるということです。

③ 生涯発達における3歳未満の時期の重要性

　予測困難な社会を生きていくうえで必要な力を、中央教育審議会は「育みたい資質・能力」と言っています。これらの力は、ある年齢になったら、突然に現れるものではありません。それでは、この育みたい資質・能力は、どのようにして育まれるのでしょうか。

エリクソン（Erikson）の心理・社会的発達

　エリクソンは、人間を「身体・心理・社会的」存在ととらえました。そして、これらを包含して発達をとらえ、「心理・社会的」と言いました。さらに、人間を生涯全体に渡り、変化していく主体ととらえ、その生涯を8つの時期に分けました（表4参照）。

　表4に示されているのは心理・社会的自我の性質であり、人間が生きていくうえでなくてはならない心理・社会的な能力です。また、社会で生きていくためにはプラスとマイナスの力が拮抗して働き、精神（心）のバランスを取ることが必要になります。この拮抗する関係を対（：）で表しています。

　例えば、I期（乳児期）の心理・社会的能力として「基本的信頼：不信」が挙げられています。基本的信頼感は、人が生きていく世の中を、周囲の人を、そして、自分自身を信じるという絶対的とも言える信頼感です。この信頼感のうえに日々の生活があり、この感覚なくしては安心してそこに居ることができません。この感覚が不信感にまさっていることが、生きることに希望をもつことになります。そして、この時期は、様々な活動を通して、身につけたい力（育みたい資質・能力）を獲得していきます。対（：）で表されているのは、基本的信頼感の体験＞不信の体験ということであり、不信の体験がゼロということではありません。現実的に、乳児からの欲求をすべて的確に読み取って満たす関わりは不可能と言えます。

　本書では、エリクソンの心理・社会的発達図式のI期とII期、年齢的には3歳未満について取り扱うことになります。

表4　エリクソンの個体発達分化の図式（ライフサイクル論）

段階	時期	心理・社会的危機所産	導かれる要素	若干の補足
I	乳児期	基本的信頼：不信	望み（希望）	自分が生きていく世の中を、周囲の人を、そして自分自身を信じるという絶対の信頼感を基本的信頼感という。
II	幼児期前期	自律：恥・疑惑	意思	外からの働きかけを受け止めて、自分の欲求をコントロールする仕組みを内在化する。つまり、外からの要求と自分の内側からの欲求のバランスを取る（自律性）ということ。
III	幼児期後期	自発性：罪悪感	目的感	自発性とは自分の欲求のままに動くことではない。外的・内的なバランスを保ちつつ行動しようとする状態をいう。つまり、自分が自分の行動の中心となることをいう。
IV	児童期	勤勉：劣等感	有能感	勤勉とは、自分の知的要求と外からの働きかけ（外的な要求）とのバランスがとれている状態をいう。このバランスがとれているときに、学ぶことが興味深く面白くなる
V	青年期	同一性：役割の混乱	忠誠心	以下略
VI	成人期	親密：孤独	愛情	
VII	壮年期	生殖性：停滞	世話（育み）	
VIII	老年期	自我の統合：絶望	知恵	

参考文献：E.H.エリクソン著、仁科弥生訳『幼児期と社会』みすず書房、1977年
　　　　　鑪幹八郎『アイデンティティの心理学』講談社現代新書、1990年
　　　　　鑪幹八郎、山下格編集『アイデンティティ』日本評論社、1999年

生涯発達における3歳未満の時期の重要性

　3歳までの子どもの生活（遊びを含む）の在りようが、生涯発達の基礎をなすことは、先にあげたエリクソンやアタッチメント研究の成果などから、自明のこととなりつつあります。また、これについては、現行の保育所保育指針、幼保連携型認定こども園教育・保育要領の改定（訂）時においても議論され、それらを踏まえて3歳未満児の保育の内容が策定されました（表5参照）。

　3歳未満までの保育において子どもに体験してほしいことは、基本的信頼感の獲得です。これは社会に対する、他者に対する、自分自身に対する信頼の感覚を確かにもてるようになることです。また、自らの周囲の人やものに対する興味・関心から、世界が広がることを体験すること、つまり、学びが芽生え、広がっていくことの喜びをもつことです。この2つの側面から、その内容が「3歳未満児の保育の内容」に記載されました。

表5　3歳未満における保育の重要性

3歳未満という時期	この時期の体験	子どもの体験内容	保育のあり方・意義
生涯に渡る成長・発達の基礎をつくる この時期の保育（生活）のあり方が、その後の成長や社会性、自尊心、自己制御、忍耐力といった社会情動的スキル（非認知的能力）の基礎となる	基本的信頼感の獲得	● 保護者や保育士など特定の大人との愛着関係を成立させる ● 食事や睡眠などの生活リズムを獲得する ● 自己という感覚や自我を育てていく	● その後の成長や生活習慣の形成、社会性の獲得にも大きな影響を与えるものであり、子どもの主体性を育みながら保育を行うことが重要である ● 基本的信頼感を形成することは、生涯を通じた自己肯定感や他者への信頼感、感情を調整する力、粘り強くやり抜く力などを育むことにつながる ● 保育士等が子どものサインを適切に受け取り、発達を見通して温かく応答的に関わっていくことが重要である ● 保育士等によって、それぞれの子どもの発達過程に応じた「学び」の支援が、適時・適切に行われることが重要である ● その際、発達の連続性を意識するとともに、3歳以降の成長の姿についても意識して、保育を行うことが重要である
	学びの芽生え	● 子どもの自発的行動（興味・関心）が受容される ● 歩行の始まりから完成、言葉が獲得される ● 人やものへの興味・関わりを更に広げ、気づいたり、考えたり、主張することをくり返しながら自己を形成していく ● 簡単な言葉なども用いた子ども同士の関わりの中で、他者と関わる力の基礎を育む	

保育所保育指針の改定に関する議論のとりまとめ（厚生労働省・社会保障審議会、平成28年12月21日）を参照し、筆者作成

2 保育の基本 ──保育所保育を中心に

① 生活の場

　保育所や認定こども園は、子どもたちの生活の場です。子ども（3歳未満児）はそこで生活（遊びを含む）することで、「望ましい未来を作り出す力の基礎（保育所保育指針）」を培うことになります。子どもたちとその生活を共にする保育者は、子どもたちの主体性を尊重し、かつ、一人ひとりの主体としての内実が豊かになる生活を展開することを通して、この時期にふさわしい発達体験が得られるような生活の場にしていかなければなりません。

● 主体的存在──3歳未満児の主体性

　主体性とはどういうことを言うのでしょうか。鯨岡（2010）[1] は「一人の人間が『こうしたい』『そうしたくない』『こうしてほしい』『こうなればいい』という自分独自の思いをもって生きる姿を現した概念、つまり、心の育ちと密接に結びついた概念」と言っています。自己が曖昧な状態にあり、自分独自の思いを明確に意識しているとは考えられない3歳未満の子どもたちの主体性を、どのように考えたらよいのでしょうか。

　阿部（2007）[2] は、「乳児は生きるうえでの最低限のことも他者の援助を必要とする、つまり、してもらうことがほとんどであるが、それでも主体的な存在であるということは、乳児に行動を起こさせる欲求そのものがまぎれもなく乳児自身のものだからである」というように、欲求するそのことに子どもの主体性を見ています。そして、「乳児は、自身の内外に生起する様々なことを自身のこととして意識することはできないが、ケアをする大人とは異なる自身の内面をもっている」と言います。ケアする大人にもわかりにくい、そして乳児自身もわからない、この内面のわからなさも含めて、その乳児の固有の世界として尊重することを、自己を獲得する前の子どもの主体

1　鯨岡峻『保育・主体として育てる営み』ミネルヴァ書房、2010、p.10
2　阿部和子編著『乳児保育の基本』萌文書林、2007、p.9〜10

性のありようと考えています。

　自己を獲得する前のおおよそ3歳までの子どもは、以上のように「独自の世界をもつ主体的存在として尊重される」生活を通して、ほかの人とは異なる独自の世界もつ存在として自己を意識化していきます。と同時に自己の内面も豊かにしていきます。

　子どもを主体として尊重した生活（保育）は、主体としての他者（保護者や保育者など）との関わりにおいて実現することになります。保育する主体としての保育者は、子どもの発達過程を見通して、子どもが望ましい未来をつくりだす力の基礎を培ううえで、この時期にふさわしい発達体験が得られる関わりをすることになります。

● 主体的存在として受け止められ主体として育つ

　乳児期にふさわしい発達体験は、発達を促すために特別に何かをすることではありません。子どもからの欲求を受け止めて、一人ひとりの子どもの発達過程に沿い、その欲求充足のためのやり取りに育ちへの願いをもち、日々重ねることの中にあります。

　例えば、初期のほとんど寝てばかりいる生活の中で、子どもの空腹からくる不快感を解消するための行動（泣き）には授乳することで応答します。この応答には、空腹を解消するだけではなく、今、ここで体験していることは「おなかが空いた」ということだという意味のまとまりを、そして、その欲求をしているのは自分であるという感覚をもてるように、また、やがては生活のリズムが安定し整っていってほしいという、保育者の子どもの育ちへの願いがあります。

　子どもの生活の必要からくる様々なやりとりの体験を重ねる、生活の基底を成すものが日課（ディリー・プログラム）です。この日課を、子どもが主体として受け止められるためには、どうあればよいのでしょう。ここでは、他章で展開される保育の内容の「心身発達に関する視点（0歳児）——健やかに伸び伸びと育つ」、「心身の健康に関する視点（1・2歳児）——健康」を少し先取りして、日課（日々の過ごし方）との関係で見ていくことにします。

日課と養護的側面——主体として受け止められる

　乳幼児期の保育は、養護的側面を基盤にして実践されます。このことを最初に保育所保育指針で確認します（表6参照）。

表6　養護に関わるねらい及び内容

	ねらい	内容
生命の保持	①一人一人の子どもが、快適に生活できるようにする。 ②一人一人の子どもが、健康で安全に過ごせるようにする。 ③一人一人の子どもの生理的欲求が、十分に満たされるようにする。 ④一人一人の子どもの健康増進が、積極的に図られるようにする。	①一人一人の子どもの平常の健康状態や発育及び発達状態を的確に把握し、異常を感じる場合は、速やかに適切に対応する。 ②家庭との連携を密にし、嘱託医等との連携を図りながら、子どもの疾病や事故防止に関する認識を深め、保健的で安全な保育環境の維持及び向上に努める。 ③清潔で安全な環境を整え、適切な援助や応答的な関わりを通して子どもの生理的欲求を満たしていく。また、家庭と協力しながら、子どもの発達過程等に応じた適切な生活のリズムがつくられていくようにする。 ④子どもの発達過程等に応じて、適度な運動と休息を取ることができるようにする。また、食事、排泄、衣類の着脱、身の回りを清潔にすることなどについて、子どもが意欲的に生活できるよう適切に援助する。
情緒の安定	①一人一人の子どもが、安定感をもって過ごせるようにする。 ②一人一人の子どもが、自分の気持ちを安心して表すことができるようにする。 ③一人一人の子どもが、周囲から主体として受け止められ、主体として育ち、自分を肯定する気持ちが育まれていくようにする。 ④一人一人の子どもがくつろいで共に過ごし、心身の疲れが癒されるようにする	①一人一人の子どもの置かれている状態や発達過程などを的確に把握し、子どもの欲求を適切に満たしながら、応答的な触れ合いや言葉がけを行う。 ②一人一人の子どもの気持ちを受容し、共感しながら、子どもとの継続的な信頼関係を築いていく。 ③保育士等との信頼関係を基盤に、一人一人の子どもが主体的に活動し、自発性や探索意欲などを高めるとともに、自分への自信をもつことができるよう成長の過程を見守り、適切に働きかける。 ④一人一人の子どもの生活のリズム、発達過程、保育時間などに応じて、活動内容のバランスや調和を図りながら、適切な食事や休息が取れるようにする。

　保育における養護的側面は生命の保持に関するもの、情緒の安定に関するものの2つの側面から述べられています。主体性に直接に関わって表現されているところは、情緒の安定のねらいの③と内容の③です（表6参照）。

　保育の営みのすべてにおいて、保育士等との信頼関係を基盤に、一人ひとりの子どもが主体的に活動し、自発性や探索意欲などに適切に働きかけることを通して、主体として育ち、自分を肯定する気持ちが育まれていくようにすることが、ねらいとしてあるということです。ここで確認しておきたいことは、養護的側面は「一人一人」に向けての関わりであるということです。一斉に全員に向けての働きかけではなく、一人ひとりの状況に合わせて働きかけるのであり、一人ひとりの必要への対応は、個別に行われます。一日の過ごし方（日課）においても一人ひとりの主体性（個別性）が尊重されることになります。

日課と「心身の健康に関する領域（健康）」との関係

　保育所、幼保連携型認定こども園における保育の「心身の健康に関する領域」の目標は、以下の通りです。

> （イ）健康、安全など生活に必要な基本的な習慣や態度を養い、心身の健康の基礎を培うこと（保育所保育指針第1章総則1（2））。

一　健康、安全で幸福な生活のために必要な基本的な習慣を養い、身体諸機能の調和的発達を図ること（認定こども園法第9条）。

この目標をさらに具体化したのが0歳から6年間の「心身の健康に関する領域」のねらいとそのねらいを達成するための体験内容です（表7参照）。例えば、幼児期の終わりまでに育ってほしい姿として「ア　健康な心と体：保育所の生活の中で、充実感をもって自分のやりたいことに向かって心と体を十分に働かせ、見通しをもって行動し、自ら健康で安全な生活をつくり出すようになる」があります。これらの姿は、健康の領域を中心にして、5つの領域全体の体験を通して育まれるものですが、0歳児クラスからの毎日の生活を通して育まれるものであることを理解しておきたいものです。3歳未満児からの育ちの連続性の中に幼児期の終わりごろの姿があるので、発達の見通しをもつうえでも、乳幼児保育においても、そのねらいと内容を通して理解することが重要になります。

以上のような考え方をベースにして、3歳未満児の日課がどのようになっているのかを見ていきましょう。

表7　健やかに伸び伸びと育つ（0歳児）⇒健康（1歳児以上）

区分		ねらい	内容
0歳	健康な心と体を育て、自ら健康で安全な生活をつくり出す力の基礎を培う。	(1) 身体感覚が育ち、快適な環境に心地よさを感じる。 (2) 伸び伸びと体を動かし、はう、歩くなどの運動をしようとする。 **(3) 食事、睡眠等の生活のリズムの感覚が芽生える。**	**(1) 保育士等の愛情豊かな受容の下で、生理的・心理的欲求を満たし、心地よく生活をする。** (2) 一人一人の発育に応じて、はう、立つ、歩くなど、十分に体を動かす。 (3) 個人差に応じて授乳を行い、離乳を進めていく中で、様々な食品に少しずつ慣れ、食べることを楽しむ。 **(4) 一人一人の生活のリズムに応じて、安全な環境の下で十分に午睡をする。** (5) おむつ交換や衣服の着脱などを通じて、清潔になることの心地よさを感じる。
1,2歳	健康な心と体を育て、自ら健康で安全な生活をつくり出す力を養う。	(1) 明るく伸び伸びと生活し、自分から体を動かすことを楽しむ。 (2) 自分の体を十分に動かし、様々な動きをしようとする。 **(3) 健康、安全な生活に必要な習慣に気付き、自分でしてみようとする気持ちが育つ。**	**(1) 保育士等の愛情豊かな受容の下で、安定感をもって生活をする。** **(2) 食事や午睡、遊びと休息など、保育所における生活のリズムが形成される。** (3) 走る、跳ぶ、登る、押す、引っ張るなど全身を使う遊びを楽しむ。 (4) 様々な食品や調理形態に慣れ、ゆったりとした雰囲気の中で食事や間食を楽しむ。 (5) 身の回りを清潔に保つ心地よさを感じ、その習慣が少しずつ身に付く。 (6) 保育士等の助けを借りながら、衣類の着脱を自分でしようとする。 (7) 便器での排泄に慣れ、自分で排泄ができるようになる。
3歳以上		(1) 明るく伸び伸びと行動し、充実感を味わう。 (2) 自分の体を十分に動かし、進んで運動しようとする。 **(3) 健康、安全な生活に必要な習慣や態度を身に付け、見通しをもって行動する。**	(1) 保育士等や友達と触れ合い、安定感をもって行動する。 (2) いろいろな遊びの中で十分に体を動かす。 (3) 進んで戸外で遊ぶ。 (4) 様々な活動に親しみ、楽しんで取り組む。 (5) 保育士等や友達と食べることを楽しみ、食べ物への興味や関心をもつ。 **(6) 健康な生活のリズムを身に付ける。** (7) 身の回りを清潔にし、衣服の着脱、食事、排泄などの生活に必要な活動を自分でする。 **(8) 保育所における生活の仕方を知り、自分たちで生活の場を整えながら見通しをもって行動する。** (9) 自分の健康に関心をもち、病気の予防などに必要な活動を進んで行う。 (10) 危険な場所、危険な遊び方、災害時などの行動の仕方が分かり、安全に気を付けて行動する。

0歳児の日課の実際

　図11の0歳児クラスは月齢の異なる12名の子どもを4名の保育者で保育しています。同じ時間に、寝ている子ども、起きて遊んでいる子ども、ミルク・離乳食を食べている子どもというように、それぞれに過ごしています。同じ子どもでも、特に月齢の低い子どもは、毎日、同じ時間に目覚めたり起きたりしているわけではありません。極端には、毎日が違うリズムだったりします。この時期の子どもの主体性を尊重した保育の一日は、一人ひとりの子どもの生理的なリズム（その子どもの固有の世界＝主体性）を尊重することになります。

　一人ひとりの子どもの「よく寝て・よく目覚めて・よく食べる（飲む）」を保障することは、目覚めている時には子どもとしっかり向き合い、気持ちを込めた関わりをするということです。気持ちの伴った保育者との関わりは、例えば、気持ちよく目覚めた後の授乳は空腹が満たされます。保育者とよく遊んだ子どもは、さらに空腹になり、それに合わせてミルク・離乳食を介助され、安心して眠る生活になります。このような生活は、生理的な機能を発達させるとともに、社会的な欲求も多くなり、徐々に目覚めて活動する時間が長くなっていきます。急がずに、じっくりと一人ひとりのリズムに合わせて関わることが重要です。このような保育の先に、子どもたちの生活のリズムがそろい出してきます（表8参照）。

図11　0歳児の日課

※ ‥‥▶ は睡眠、━▶ は覚醒を表す

日課（一日の生活）における配慮	目安の時間	A（4か月）	D（5か月）	KO（6か月）	B（10か月）	C（13か月）	K（18か月）	他6名省略
●特定の保育者と関わりながら、食べることが喜びとなるよう静かで落ち着いた環境づくりをする。 ●午前寝に準じた配慮を行う。 ●やさしい声、語りかけで気持ちのよい目覚めを誘う。 ●汗をかいた時、汚れた時はまめに衣類を取り替える。	10:30	⋮ 11:00 ミルク 目覚め	↓ 11:00 食事・ミルク 睡眠	10:30 睡眠	↓ 11:30 食事 睡眠	↓ 11:30 目覚め 食事	↓	●M（7か月） ●S（9か月） ●AS（14か月） ●KA（14か月） ●T（15か月） ●AN（16か月）
●午前のおやつ・食事・授乳に準じた配慮を行う。 ●午前の遊びに準じた配慮を行う。 ●一日生活した満足感とともに身体疲労度も高くなっているので、けがその他に十分注意し、温かな雰囲気の中で落ち着いて過ごせるようにする。	12:00	12:00 睡眠	12:00 目覚め ↓ 13:00 睡眠 ⋮ 14:00 目覚め	12:00 目覚め 食事・ミルク ↓ 14:00 食事・ミルク	12:00 ↓ 14:00 目覚め おやつ・ミルク	12:00 睡眠 ↓ 14:00 目覚め	12:00 目覚め 食事	
略	14:30	↓	⋮	↓	↓	↓	↓	

表8　発達過程における睡眠の生理的変化

時期	睡眠時間	睡眠と覚醒のパターン
新生児期	16～20時間	● 睡眠パターンは1～2時間の覚醒と1～4時間の睡眠の反復 ● 昼夜のリズムは見られない ● 日中の睡眠時間と夜間の睡眠時間はほぼ同じ ● 入眠は動睡眠（後のレム睡眠に相当）から始まる
乳児期 （3か月）	14～15時間	● 3～4時間連続して睡眠をとるパターン ● 動睡眠（レム睡眠）が減少する ● 6週～3か月ごろからは入眠がノンレム睡眠から始まる
乳児期 （6か月）	13～14時間	● 6～8時間連続して睡眠をとるようになる ● 昼夜の区別がはっきりしてくる ● 2～4時間の昼寝を1～2回となる ● 9か月ごろには7～8割を夜間に眠るようになる
乳幼児期 （1-3歳）	11～12時間程度	● ほぼ夜間に睡眠をとるようになる ● 昼寝を1.5～3.5時間を1回とる程度になる ● レム睡眠がさらに減少

※レム睡眠：脳が活発に働いている浅い眠り、体の眠り、ノンレム睡眠：深い眠り、脳の眠り

出典：厚生労働科学研究費補助金　未就学児の睡眠・情報通信機器使用研究班「未就学児の睡眠指針」2018年3月から筆者作成

1・2歳児の日課の実際

　表8より1歳クラスに上がったころから、生理学的には昼寝が1回、夜間にほぼ睡眠がとれるようになるということがわかります。一日のうちで昼寝が1回になると集団の日課が可能になります。もちろん家庭の事情やクラスを構成する子どもたちの月齢幅にもよるので、柔軟に対応することが大切になります。

　子どもの主体性との関係で言うと、集団の日課は、子どもが自らつくり上げたものではなく与えられたものです。子どもたちは、与えられた日課をどのように自らのものにしていくのか。つまり、園の一日の生活の流れに自らで気づいて行動を切り替え（コントロール）ていくのでしょうか。例えば、遊びから給食へという活動から活動への流れの中で、主体的に行動するということは、今の活動（遊び）に自らで区切りをつけて次の活動へ向かうということになります、しかし、この時期の子どもにはそれが難しく、区切りが付けられないことも多くあります。

　この時期は、活動から活動への移行時に、日課の時間を守る（みんな一斉に保育室に入る）ことが第一ではありません。まだそれを続けたいという気持ちを保育者に受け止めてもらい、逡巡したり抵抗したりし、慰められたり諭されたりされながら、今の活動に区切りをつけて次の活動へと向かう体験を重ねることが重要になります。この経験の積み重ねが、子どもの主体的な生活を成立させることにつながっていきます。

3歳以上児の日課の実際

　3歳未満児の生活の基底を成す日課は、これまでに述べたように、子どもの欲求や要求に丁寧に応答してもらいながらやり取りを重ねる中で、主体的な集団の日課になっていきます。以上のような日課を積み重ねた5歳児クラスの様子を見てみましょう。

エピソード1

みずきくんが「もう昼寝はいらないかも」と意見を出しました。「それはまだ無理でしょう」という意見の子が多い。そこで担任は「どうなったらお昼寝いらないの？」と聞くと、「昼寝をしなくても元気にできる」と応える。担任「元気って？」と問うと、「夕方、ケンカばっかりしたくなったり、いじわるばっかりしたくなったりしないことだよ」と子どもたち。それでもみずきくんと数人は「大丈夫」と言い張り、ムリと言う子どもたちと対立する。担任は「やってみたらいいよ」と提案し、ほとんど

の子が昼寝をし、みずきくんたちは夕方眠くなり、機嫌が悪くなり……。それを経験した後で、昼寝は自分たちの生活に必要ということになり、日課に取り入れました。その時に、担任から、運動会が終わるころには、お昼寝なしでもみんな元気に生活できるといいなーと伝える。

エピソード2

昼寝の時間、寝るように促す担任をよそめに、まさみちゃん、ゆみえちゃん、かえでちゃんの3人は、小声でおしゃべりをしていて寝ません。3人とも眠れそうになかったので事務室の前に連れていきトントンして寝かせました。昼寝を終えて3人を保育室に連れて戻ると、「どうした?」と声をかける友だちも多く、担任が「みんな心配しているよ」と伝えると、まさみは「自分で話す」と言い出し、おやつ前に話をすることになりました。まさみ「まさみさー、今日、お昼寝、お部屋でできなかったの」、りょうじ「えー、どうしたの?」、ちはる「話してみたらいいよ」、まさみ「まさみね、今日、多分朝寝坊したんだわ。それで眠れんかったと思う」、ゆみえとかえでは、まさみにつき合ってしまったと言う。ちはる「この間、みんなで大きくなって1年生になろうって言ってたのに……」、みんな「そうだったじゃん」、さより「寝坊しないように早く寝ればいい」と言い、まさみ「ほんとだね」と納得する。また、子どもたちは、まさみと一緒に行動したゆみえやかえでにも意見を求めた。ゆみえ「今日は、だめだった」、ちはる「だめって、どーゆーこと?」、ゆみえは、しばらく考えて「一緒に寝ようって言えばよかった」、みんな「そーだねー」、かえで「ゆみえと一緒」と応える。そして、みんなで話し合った結果、「できたら早起きしよう」「もし、寝坊とかして昼寝が難しかったら、一人で静かに休息しよう」ということになりました。

出典:加藤繁美監修、山本理絵編著『子どもとつくる5歳児保育』ひとなる書房、p.109〜p.112、2016年を一部改変

　エピソード1において、みずきくんたちは一日をどのように過ごすか（昼寝はいらないのではないか）について意見を言います。担任は、昼寝をしなければならないものとして子どもたちに強要はせず、「なぜいらないのか」という理由を子どもとのやり取りを通して、具体的な姿として描き出します。そのうえで、子どもたちの理由に基づいた行動を尊重します。日課として決まっているのだからと一斉に昼寝をするということを求めていません。子どもたちは自らの考えに基づいて行動し、その結果として昼寝が必要であることを受け止めていきます。
　一方、エピソード2は、昼寝が必要であることをみんなで確認しているのですが、

まさみちゃんたちは、保育者の促しを受けてもおしゃべりが止まりません。保育者は、子どもたちの気持ち（小声で話しているところから、寝なければならないことはわかっているが寝られない）と、夕方に機嫌が悪くなることなどから、今のこの子どもたちには昼寝は必要という見通しに立って、ここではない（ほかの子に迷惑がかからない）ところで、眠ることをサポート（背中をトントンして眠りを誘う）します。5歳児においても時にサポートが必要ということです。

　友だちの心配をきっかけに、「なぜ、みんなと一緒に眠れなかったのか」について話し合います。話し合いの中で、「みんなで一緒に大きくなって1年生になろうって言っていたのに（子ども同士の約束）」といったやり取りをする中で、まさみちゃんは自らを振り返り、友だちの意見「早く寝る」ということを受け入れます。一緒に行動した子どもたちも理由を聞かれ、やり取りの中で自らを振り返り、「一緒に寝ようと言えばよかった」ということにたどり着きます。この話し合いを通して、昼寝の時に眠くない時もあるので、その時には、静かに休息するということまで話し合いで導き出しています。

　子どもたちは、自分たちの生活の中で遭遇する課題を自分たちで話し合いながら、考えを巡らし、どのように過ごすかを見つけ出すという、主体的な一日を過ごしていることがわかります。

　園の日課は、子どもたちにとっては与えられた日課のはずです。この与えられた日課を、例えば日課は守るものとして強いられるところからは、事例の子どもたちの姿にはいたりません。0歳児クラスからの保育のねらいと、それを達成するための内容（表7参照）を体験しきているその延長線上の姿ということです。また、行動面のみに働きかけられるのではなく、なぜそうするのかという理由を子どもたちなりに考える体験を積み重ねてきているので、できない子どもを批判するだけではなく、できるようになるためにはどうすればいいのかを考える対話が成立しています。

　3歳未満児を担当しているからといって、例えば、5歳児クラスが落ち着かない、些細なことで対立ばかりしている、自分から動けないという姿は、5歳児クラスを担当する保育者だけの問題ではないことを理解したいものです。

② 保育の目標、教育・保育の目標

　これまで見てきたように、3歳未満児が通う施設である保育所や幼保連携型認定こども園は、子どもたちが主体として受け止められ、その主体性を発揮して生活や遊び

を展開するところです。また、その生活や遊びを通して、人として生きていくうえでの基礎となる力を獲得していく場所でもあります。人として生きていくうえでの基礎となる力を培うための目標を、指針と教育・保育要領では表9のように示しています。

　子どもがこれらの力を獲得していくのを援助することを、指針では「保育」と表現し、教育・保育要領では、「教育及び保育」と表現していますが、それぞれの施設の目標としているところは同じと考えてよいでしょう。いわゆる五領域（子どもが健やかに成長し、その活動がより豊かに展開されるための発達の援助）と養護（子どもの生命の保持や情緒の安定を図るために保育士等が行う援助や関わり）の視点から述べられています。

表9　保育所の保育目標と幼保連携型認定こども園の教育・保育目標

保育目標 （保育所保育指針第1章1（2））	教育・保育目標 （認定こども園法第9条）
健全な心身の発達を図ることを目的とする児童福祉施設 入所する子どもの最善の利益を考慮し、その福祉を積極的に増進することに最もふさわしい生活の場（第1章1（1）参照）	教育並びに保育を必要とする子どもに対する保育を一体的に行い、その心身の発達を助長するとともに、保護者に対する子育ての支援を行うことを目的とする施設（第2条7参照）
ア　（略）保育所の保育は、子どもが現在を最も良く生き、望ましい未来をつくり出す力の基礎を培うために、次の目標を目指して行わなければならない。 （ア）十分に養護の行き届いた環境の下に、くつろいだ雰囲気の中で子どもの様々な欲求を満たし、生命の保持及び情緒の安定を図ること。 （イ）健康、安全など生活に必要な基本的な習慣や態度を養い、心身の健康の基礎を培うこと。 （ウ）人との関わりの中で、人に対する愛情と信頼感、そして人権を大切にする心を育てるとともに、自主、自立及び協調の態度を養い、道徳性の芽生えを培うこと。 （エ）生命、自然及び社会の事象についての興味や関心を育て、それらに対する豊かな心情や思考力の芽生えを培うこと。 （オ）生活の中で、言葉への興味や関心を育て、話したり、聞いたり、相手の話を理解しようとするなど、言葉の豊かさを養うこと。 （カ）様々な体験を通して、豊かな感性や表現力を育み、創造性の芽生えを培うこと。 イ　保育所は、入所する子どもの保護者に対し、その意向を受け止め、子どもと保護者の安定した関係に配慮し、保育所の特性や保育士等の専門性を生かして、その援助に当たらなければならない。	一　健康、安全で幸福な生活のために必要な基本的な習慣を養い、身体諸機能の調和的発達を図ること。 二　集団生活を通じて、喜んでこれに参加する態度を養うとともに家族や身近な人への信頼感を深め、自主、自律及び協同の精神並びに規範意識の芽生えを養うこと。 三　身近な社会生活、生命及び自然に対する興味を養い、それらに対する正しい理解と態度及び思考力の芽生えを養うこと。 四　日常の会話や、絵本、童話等に親しむことを通じて、言葉の使い方を正しく導くとともに、相手の話を理解しようとする態度を養うこと。 五　音楽、身体による表現、造形等に親しむことを通じて、豊かな感性と表現力の芽生えを養うこと。 六　快適な生活環境の実現及び子どもと保育教諭その他の職員との信頼関係の構築を通じて、心身の健康の確保及び増進を図ること。

　さらに、在籍期間全体を通して、保育（・教育）の目標を目指して保育を実践することで、子どもに育みたい資質・能力を表10のようにあげています。

表10　「育みたい資質・能力」の基礎

育みたい資質・能力	育む上での経験群	育みたいこと（幼児の終わりごろの生活や遊びの中に具体的に「育ってほしい10の姿」として現れる）
知識・技能の基礎	遊びや生活の中で、豊かな体験を通じて、感じたり、気づいたり、わかったり、できるようになったりする	基本的な生活習慣の獲得、様々な気付き・発見の喜び、規則性・法則性・関連性の発見、日常生活に必要な言葉の理解、身体技能や芸術表現のための基礎的な技能の獲得など
思考力・判断力・表現力等の基礎	遊びや生活の中で、気づいたこと、できるようになったことなども使い、考えたり、試したり、工夫したり、表現したりする	試行錯誤・工夫、予想・予測・比較・分類・確認、他の幼児の考えなどに触れ新しい考えを生み出す喜びや楽しさ、言葉による表現・伝え合い、振り返り次への見通し、自分なりの表現など
学びに向かう力・人間性等	心情、意欲、態度が育つ中で、よりよい生活を営もうとする	思いやり、安定した情緒、自信、相手の気持ちの受容、好奇心・探求心、葛藤・自分への向き合い・折り合い、話し合い・目的の共有・協力、色・形・音などの美しさや面白さに対する感覚、自然現象や社会現象への関心など

中央教育審議会教育課程部会・幼児教育部会（2016年３月）資料４を筆者改変

　　表９に述べられている保育（・教育）の目標を、子どもの学びの視点からとらえ直すと、表10のようになると考えてよさそうです。つまり、目標に向けて展開される保育（・教育）の中で、子どもが体験を通して獲得するものは、「知識・技能の基礎」「思考力・判断力・表現力の基礎」「学びに向かう力・人間性等」ということになります。

　　子どもの日々の遊びや生活の中で、知識・技能の基礎は「感じたり、気づいたり、わかったり、できるようになったりする」体験を豊かにすることを通して獲得されるとしています。思考力・判断力・表現力等の基礎は、遊びや生活の中で気づいたり、できるようになったことを使い、「考えたり、試したり、工夫したりすることを十分体験する」ことで獲得されます。そして、学びに向かう力・人間性等は、「獲得した知識・技能、思考力・判断力・表現力等を生活や遊びの中で十分に使い、あるいは使いこなしながら、活動を楽しく展開する」ことで、充実した生活や遊びにしていこうとします。

　　以上の生活や遊びを積み重ねて、幼児期の終わりごろの日常の生活や遊びの中に、具体的な子どもの姿として、いわゆる10の姿が見られることになります（表10中右列参照）。

③ 保育のねらいおよび内容

　保育指針、教育・保育要領の第2章において、保育（・教育）目標に向けて、それぞれの時期にふさわしい体験の内容が示されています。それぞれの時期とは、乳児、1歳以上3歳未満児、3歳以上児の3つの過程です。ここでは、3歳未満児について見ていきます。

● 3歳未満児の保育内容（ねらいと内容）

　保育内容は、乳児保育、1歳以上3歳未満児保育というように、発達過程ごとに示されています。さらに、それぞれの時期のねらいと内容は、3つの視点（乳児保育）、5つの視点・領域（1歳以上）に分けて示されています。

　3歳未満児の保育のねらい及び内容を保育所保育指針から抜き出して表にしています（表11・12）。

乳児保育のねらい及び内容

　自分から健康で安全な生活をするための基礎を培ううえでのねらいとして、身体感覚が育つことで、快適な環境の心地よさを感じる、よく動く体、リズムをもって生活する感覚を獲得することがあげられています。そのねらいを達成するために子どもに体験してほしいこととして、一人ひとりの子どもの生理的・心理的な欲求が満たされること、また、発育に応じて十分に体を動かし、そこに心地よさや充足感をもつことがあげられています。

　人と関わる力の基礎を培ううえでのねらいとして、人とともに過ごす喜びを感じ、気持ちを通わせようとしながら、人に対する信頼感が芽生えることをあげています。そのねらいを達成するために子どもに体験してほしいこととして、保育者等に応答してもらうやり取りを楽しみながら、欲求が満たされること、親しみの気持ちをもち、それを言葉で表そうとするなど安心感をもって過ごすことなどがあげられています。

　自分を取り巻く周囲のものに、心動かされたことを表現しようとする力の基礎を培ううえでのねらいとして、まわりのものに興味・関心をもち、それらに自分から関わろうとし、関わることで、感覚を豊かにし表現するなどがあげられています。そのねらいを達成するために子どもに体験してほしいこととして、積極的に周囲を探索し、

生活用品や絵本、玩具などに興味・好奇心をもって関わり感覚を豊かにすること、保育者等と一緒に手足や体をリズムに合わせて動かす喜びを味わうなどがあげられています。

　以上が、乳児保育におけるねらいと内容の概要です。詳しくは表11を参照してください。

表11　乳児保育に関わるねらい及び内容

健やかに伸び伸びと育つ	身近な人と気持ちが通じ合う	身近なものと関わり感性が育つ
健康な心と体を育て、自ら健康で安全な生活をつくり出す力の基盤を培う。	受容的・応答的な関わりの下で、何かを伝えようとする意欲や身近な大人との信頼関係を育て、人と関わる力の基盤を培う。	身近な環境に興味や好奇心をもって関わり、感じたことや考えたことを表現する力の基盤を培う。
ねらい ①身体感覚が育ち、快適な環境に心地よさを感じる。 ②伸び伸びと体を動かし、はう、歩くなどの運動をしようとする。 ③食事、睡眠等の生活のリズムの感覚が芽生える。	①安心できる関係の下で、身近な人と共に過ごす喜びを感じる。 ②体の動きや表情、発声等により、保育士等と気持ちを通わせようとする。 ③身近な人と親しみ、関わりを深め、愛情や信頼感が芽生える。	①身の回りのものに親しみ、様々なものに興味や関心をもつ。 ②見る、触れる、探索するなど、身近な環境に自分から関わろうとする。 ③身体の諸感覚による認識が豊かになり、表情や手足、体の動き等で表現する。
内容 ①保育士等の愛情豊かな受容の下で、生理的・心理的欲求を満たし、心地よく生活をする。 ②一人一人の発育に応じて、はう、立つ、歩くなど、十分に体を動かす。 ③個人差に応じて授乳を行い、離乳を進めていく中で、様々な食品に少しずつ慣れ、食べることを楽しむ。 ④一人一人の生活のリズムに応じて、安全な環境の下で十分に午睡をする。 ⑤おむつ交換や衣服の着脱などを通じて、清潔になることの心地よさを感じる。	①子どもからの働きかけを踏まえた、応答的な触れ合いや言葉がけによって、欲求が満たされ、安定感をもって過ごす。 ②体の動きや表情、発声、喃語等を優しく受け止めてもらい、保育士等とのやり取りを楽しむ。 ③生活や遊びの中で、自分の身近な人の存在に気付き、親しみの気持ちを表す。 ④保育士等による語りかけや歌いかけ、発声や喃語等への応答を通じて、言葉の理解や発語の意欲が育つ。 ⑤温かく、受容的な関わりを通じて、自分を肯定する気持ちが芽生える。	①身近な生活用具、玩具や絵本などが用意された中で、身の回りのものに対する興味や好奇心をもつ。 ②生活や遊びの中で様々なものに触れ、音、形、色、手触りなどに気付き、感覚の働きを豊かにする。 ③保育士等と一緒に様々な色彩や形のものや絵本などを見る。 ④玩具や身の回りのものを、つまむ、つかむ、たたく、引っ張るなど、手や指を使って遊ぶ。 ⑤保育士等のあやし遊びに機嫌よく応じたり、歌やリズムに合わせて手足や体を動かして楽しんだりする。

1歳以上3歳未満児のねらい及び内容

　この時期の保育は、5つの領域からそのねらい及び内容が述べられています。

　自分で健康で安全な生活をつくりだす力を養ううえでのねらいとして、自分から体を動かそうとして、様々に動くことを喜び、基本的な生活習慣に気づき、それを自分でしてみようとすることがあげられています。そのねらいを達成するために子どもに体験してほしいこととして、安心して生活する中で生活のリズムが獲得されること、食事、衣類の着脱、排泄、手洗いなどの清潔にかかわる行為を自分から興味をもってしようとし、できるようになること、また、これらと並行して全身を使って遊びを楽

しむことがあげられています。

　人と関わる力を養ううえでのねらいとして、周囲の子どもへの関心が高まり関わろうとするなど、人と関わる心地よさや生活の仕方に秩序があることに気づくなどがあげられています。そのねらいを達成するために体験してほしいこととして、保育者に子どもの欲求が受け入れられるなど安心感をもって生活する中で、保育者の仲立ちでほかの子と関わって遊びを楽しみながら、きまりのあることに気づくようになるなどがあげられています。

　周囲の環境に好奇心をもって関わり、それを自分の生活に取り入れる力を養ううえでのねらいとして、五感を働かせて周囲と関わり、感じたり気づいたりすることを楽しんだり、あれこれ考えたりすることがあげられています。そのねらいを達成するために子どもに体験してほしいこととして、安全な環境の中で、五感を使いながら十分に探索活動をする中で、ものの多様さに触れ、その性質や仕組みに気づいたりすること、また、身近な動植物に親しみをもつこと、絵本や歌にふれたりして十分に遊びを楽しむことがあげられています。

　自分で体験し感じたり、感じたりしたことなどを言葉で表現する力を養ううえでのねらいとして、人の話を聞き自分で思ったことを伝えようとするなど、言葉で表現する楽しさを味わい、絵本や物語に親しんだりしながら人と気持ちを通じ合わせるなどがあげられています。そのねらいを達成するために子どもに体験してほしいこととして、生活や遊びの中で、自分から欲求したことに、また、保育者からの言葉かけなどを表情や言葉でやり取りをすること、保育者や友だちと一緒に遊んだり、絵本を読んでもらう楽しさを味わう中で、言葉で表現しようとすることなどがあげられています。

　自分で感じたり考えたことを表現したり、創造したりする力を養ううえでのねらいとして、様々な素材に触れ、その感触を楽しむこと、音楽やリズムを声や体で表現したり、保育者に読んでもらった絵本や素話を、遊びの中で再現したりするなどイメージの世界を楽しむなどがあげられています。

　以上が、おおよそのこの時期の保育のねらいと内容です。詳しくは、表12を参照してください。

　子どもの毎日は楽しく過ごすことが第一ですが、保育は、その楽しい体験を通して、子どもに育ってほしいことを意識することが重要になります。

表12　1歳以上3歳未満児の保育に関わるねらい及び内容

	健康	人間関係	環境	言葉	表現
ねらい	健康な心と体を育て、自ら健康で安全な生活をつくり出す力を養う。	他の人々と親しみ、支え合って生活するために、自立心を育て、人と関わる力を養う。	周囲の様々な環境に好奇心や探究心をもって関わり、それらを生活に取り入れていこうとする力を養う。	経験したことや考えたことなどを自分なりの言葉で表現し、相手の話す言葉を聞こうとする意欲や態度を育て、言葉に対する感覚や言葉で表現する力を養う。	感じたことや考えたことを自分なりに表現することを通して、豊かな感性や表現する力を養い、創造性を豊かにする。
ねらい	①明るく伸び伸びと生活し、自分から体を動かすことを楽しむ。 ②自分の体を十分に動かし、様々な動きをしようとする。 ③健康、安全な生活に必要な習慣に気付き、自分でしてみようとする気持ちが育つ。	①保育所での生活を楽しみ、身近な人と関わる心地よさを感じる。 ②周囲の子ども等への興味や関心が高まり、関わりをもとうとする。 ③保育所の生活の仕方に慣れ、きまりの大切さに気付く。	①身近な環境に親しみ、触れ合う中で、様々なものに興味や関心をもつ。 ②様々なものに関わる中で、発見を楽しんだり、考えたりしようとする。 ③見る、聞く、触るなどの経験を通して、感覚の働きを豊かにする。	①言葉遊びや言葉で表現する楽しさを感じる。 ②人の言葉や話などを聞き、自分でも思ったことを伝えようとする。 ③絵本や物語等に親しむとともに、言葉のやり取りを通じて身近な人と気持ちを通わせる。	①身体の諸感覚の経験を豊かにし、様々な感覚を味わう。 ②感じたことや考えたことなどを自分なりに表現しようとする。 ③生活や遊びの様々な体験を通して、イメージや感性が豊かになる。
内容	①保育士等の愛情豊かな受容の下で、安定感をもって生活をする。 ②食事や午睡、遊びと休息など、保育所における生活のリズムが形成される。 ③走る、跳ぶ、登る、押す、引っ張るなど全身を使う遊びを楽しむ。 ④様々な食品や調理形態に慣れ、ゆったりとした雰囲気の中で食事や間食を楽しむ。 ⑤身の回りを清潔に保つ心地よさを感じ、その習慣が少しずつ身に付く。 ⑥保育士等の助けを借りながら、衣類の着脱を自分でしようとする。 ⑦便器での排泄に慣れ、自分で排泄ができるようになる。	①保育士等や周囲の子ども等との安定した関係の中で、共に過ごす心地よさを感じる。 ②保育士等の受容的・応答的な関わりの中で、欲求を適切に満たし、安定感をもって過ごす。 ③身の回りに様々な人がいることに気付き、徐々に他の子どもと関わりをもって遊ぶ。 ④保育士等の仲立ちにより、他の子どもとの関わり方を少しずつ身につける。 ⑤保育所の生活の仕方に慣れ、きまりがあることや、その大切さに気付く。 ⑥生活や遊びの中で、年長児や保育士等の真似をしたり、ごっこ遊びを楽しんだりする。	①安全で活動しやすい環境での探索活動等を通して、見る、聞く、触れる、嗅ぐ、味わうなどの感覚の働きを豊かにする。 ②玩具、絵本、遊具などに興味をもち、それらを使った遊びを楽しむ。 ③身の回りの物に触れる中で、形、色、大きさ、量などの物の性質や仕組みに気付く。 ④自分の物と人の物の区別や、場所的感覚など、環境を捉える感覚が育つ。 ⑤身近な生き物に気付き、親しみをもつ。 ⑥近隣の生活や季節の行事などに興味や関心をもつ。	①保育士等の応答的な関わりや話しかけにより、自ら言葉を使おうとする。 ②生活に必要な簡単な言葉に気付き、聞き分ける。 ③親しみをもって日常の挨拶に応じる。 ④絵本や紙芝居を楽しみ、簡単な言葉を繰り返したり、模倣をしたりして遊ぶ。 ⑤保育士等とごっこ遊びをする中で、言葉のやり取りを楽しむ。 ⑥保育士等を仲立ちとして、生活や遊びの中で友達との言葉のやり取りを楽しむ。 ⑦保育士等や友達の言葉や話に興味や関心をもって、聞いたり、話したりする。	①水、砂、土、紙、粘土など様々な素材に触れて楽しむ。 ②音楽、リズムやそれに合わせた体の動きを楽しむ。 ③生活の中で様々な音、形、色、手触り、動き、味、香りなどに気付いたり、感じたりして楽しむ。 ④歌を歌ったり、簡単な手遊びや全身を使う遊びを楽しんだりする。 ⑤保育士等からの話や、生活や遊びの中での出来事を通して、イメージを豊かにする。 ⑥生活や遊びの中で、興味のあることや経験したことなどを自分なりに表現する。

注：表中の数字は項目数

● 保育内容は発達過程に沿いながら連続している

　前項で、3歳未満児の保育のねらいと内容を見てきました。そこだけに焦点をあてると、乳児保育のねらいと内容、1歳以上3歳未満児保育のねらいと内容が整理され、それぞれにそのねらいを達成するうえで体験してほしい内容が述べられています。そのねらいと内容は、主体性が尊重された子どもの活動を通して達成に向かうことになります。

　図12は、表11の乳児保育の人と関わる領域の「身近な人と気持ちが通じ合う」から、表12の1歳以上3歳未満児保育の「人間関係」、さらに表はありませんが、3歳以上児の保育の「人間関係」を加えて、ねらいと内容が連続していることを図示したものです。

乳児（0歳児）保育において、人と関わることに関してのねらいが3つ、そのねらいを達成するうえで子どもに体験してほしい内容が5つあげられています（表11参照）。乳児保育において、それらの内容の体験を十分に重ねた後に、1歳以上3歳未満児の保育の人間関係のねらいが3つ紡ぎ出されます。そして、そのねらいを達成するうえでの内容が6つあげられています。この時期の内容を十分に体験した先に、3歳以上のねらいが3つ出てきます。このねらいを達成するうえで子どもに体験してほしい内容が13項目あげられています。

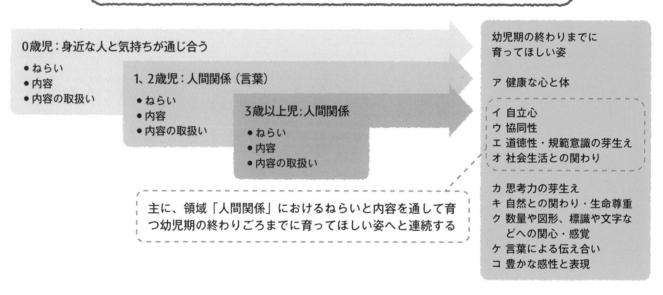

図12　保育内容の連続性（人との関わりを例に）

0歳児：身近な人と気持ちが通じ合う
● ねらい
● 内容
● 内容の取扱い

1、2歳児：人間関係（言葉）
● ねらい
● 内容
● 内容の取扱い

3歳以上児：人間関係
● ねらい
● 内容
● 内容の取扱い

主に、領域「人間関係」におけるねらいと内容を通して育つ幼児期の終わりごろまでに育ってほしい姿へと連続する

幼児期の終わりまでに
育ってほしい姿

ア　健康な心と体

イ　自立心
ウ　協同性
エ　道徳性・規範意識の芽生え
オ　社会生活との関わり

カ　思考力の芽生え
キ　自然との関わり・生命尊重
ク　数量や図形、標識や文字などへの関心・感覚
ケ　言葉による伝え合い
コ　豊かな感性と表現

　以上のように人と関わる領域において、それぞれの時期の保育のねらいを達成するための内容を子どもが十分に体験することで、保育所保育指針第1章（2）（ウ）保育の目標「 人との関わりの中で、人に対する愛情と信頼感、人権を大切にする心を育てるとともに、自主、自立及び協調の態度を養い、道徳性の芽生えを培うこと」に向かいます。この目標を「幼児期の終わりまでに育ってほしい姿（いわゆる10の姿）」としてとらえると、おおよそ以下の姿に該当することになります。

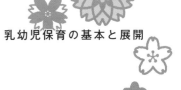

イ　自立心

　身近な環境に主体的に関わり様々な活動を楽しむ中で、しなければならないことを自覚し、自分の力で行うために考えたり、工夫したりしながら、諦めずにやり遂げることで達成感を味わい、自信をもって行動するようになる。

ウ　協同性

　友達と関わる中で、互いの思いや考えなどを共有し、共通の目的の実現に向けて、考えたり、工夫したり、協力したりし、充実感をもってやり遂げるようになる。

エ　道徳性・規範意識の芽生え

　友達と様々な体験を重ねる中で、してよいことや悪いことが分かり、自分の行動を振り返ったり、友達の気持ちに共感したりし、相手の立場に立って行動するようになる。また、きまりを守る必要性が分かり、自分の気持ちを調整し、友達と折り合いを付けながら、きまりをつくったり、守ったりするようになる。

オ　社会生活との関わり

　家族を大切にしようとする気持ちをもつとともに、地域の身近な人と触れ合う中で、人との様々な関わり方に気付き、相手の気持ちを考えて関わり、自分が役に立つ喜びを感じ、地域に親しみをもつようになる。また、保育所内外の様々な環境に関わる中で、遊びや生活に必要な情報を取り入れ、情報に基づき判断したり、情報を伝え合ったり、活用したりするなど、情報を役立てながら活動するようになるとともに、公共の施設を大切に利用するなどして、社会とのつながりなどを意識するようになる。

　もちろん、人と関わる領域のねらいや内容を体験する中で育つものは上記だけではなく、これ以外の10の姿の中にも表れます。また、ほかの領域でのねらいや内容を体験することも上記イ〜オの4つの姿にかかわってきます。それは、領域は互いに重なり合っているからです。

　次に発達過程という概念について考えていきます。

　図12の「乳児保育」のねらいが、「1歳以上3歳未満児保育」では表に入っていませんが、そのねらいが下敷きになって、1歳以上3歳未満児保育のねらいが示されて

います（矢印が2つ重なっています）。さらに「3歳以上児保育」のねらいの下敷きには乳児保育、1歳以上3歳未満児保育のねらいがあります（矢印が3つ重なっています）。

　3歳児クラスの子どもの姿を例にとってみると、3歳児クラスの子どもは全員同じ姿を現しているとは限りません。むしろ同じでないことが多いです。その姿の現れは様々な理由によりますが、例えば、「身近な人と気持ちを通い合わせる」体験が極端に不足していて、友だちと関わることが難しい子どもがいたとしたら、歴年齢では3歳ですが、3歳以上児のねらいを参照して、この子どもに合わせたねらい（例えば、友だちと関わりを深め一緒に活動する楽しさを味わうなど）を立てることができません。その子どもの人との関わりに関する領域の発達過程を理解して、つまりその子どもの発達過程に合わせてねらいを立てる必要があります。

　このように目の前の子どもの姿に沿ってねらいを立てるとしたら、歴年齢による発達過程（いわゆる定型発達）だけでは、子どもの発達を保障する保育にはなりません。歴年齢による発達過程ではなく、その子どもの発達過程に合わせた保育でなければ、子どもの最善の利益を保障する保育とは言えません。

④ 保育の方法（乳幼児期の保育・教育の独自性）

　前項にあげた保育の内容及びねらいは、主に教育的側面から述べられています。しかし、乳幼児期の教育は、その発達特性から小学校以上で言われる教育とはその方法が異なります。その違いを学校教育法第22条の解釈で見てみます。

- -

第二十二条　幼稚園は、義務教育及びその後の教育の基礎を培うものとして、
幼児を保育し、幼児の健やかな成長のために適当な環境を与えて、
その心身の発達を助長することを目的とする。（下線筆者）

- -

　幼稚園は学校ですから、そこでは教育が行われています。しかし、その幼稚園という学校の目的に「…保育し」のように記されています。これを学校教育では次のように解釈しています。

幼児はまだ年少であるから、幼稚園の幼児の心身発達に応じた教育の中には、児童生徒とは異なり、一定の養護や世話が必要となる。さらに、幼稚園の教育が、小学校以上のように教育内容を体系的に分類した教科を中心にして内容の修得を行わせるのとは異なり、幼児の具体的な生活経験に基づいた総合的指導を行うものであるので、その教育方法の独自性を表す用語として、保育を使うとしています。

　幼稚園における教育は、一定の養護や世話を受けながら、日々の具体的な生活や遊びを通して総合的に行うものであるとしています。保育所や認定こども園においても同様に考えられています。

● 養護と教育の一体化

　保育所保育指針では、養護と教育が一体的に行われるということに関しては総則で保育所保育の基本原則として、保育所の役割について次のように述べられています。「イ　保育所は、その目的を達成するために、保育に関する専門性を有する職員が、家庭との緊密な連携の下に、子どもの状況や発達過程を踏まえ、保育所における環境を通して、養護及び教育を一体的に行うことを特性としている（下線筆者）」。

　そして、その解説では、「養護と教育を一体的に展開するということは、保育士等が子どもを一人の人間として尊重し、その命を守り、情緒の安定を図りつつ、乳幼児期にふさわしい経験が積み重ねられていくよう丁寧に援助することを指す（下線筆者）」としています。さらに、具体的に「子どもが、自分の存在を受け止めてもらえる保育士等や友達との安定した関係の中で、自ら環境に関わり、興味や関心を広げ、様々な活動や遊びにおいて心を動かされる豊かな体験を重ねることを通して、資質・能力は育まれていく」と続けています。

　このことを具体的なエピソードで確認すると表13のようになります。

　子どもの気持ちを受容しながら（養護的側面）、子どもの発達や興味に合わせて乗り越え可能な少し先をも見通して遊びを展開していること（教育的側面）が理解できます。

表13 養護と教育が一体となった保育

エピソード	子どもの行動と保育者の対応（欲求を読み取り温かく共感的に応答する）
	保育室は安心できる場所、保育者は安心できる人である。 （日常的に欲求を受け止められるという養護的関わりの蓄積がある。）
保育者がとしひろ君（1歳6か月）を外向きに抱いてメモしていると、まりかちゃん（10か月）が柵を伝い歩きして、保育者ととしひろ君の少し手前でドタッとお尻から座る①。	①まりかちゃんは、保育者ととしひろ君（興味の源泉）に気付き、伝い歩き、座るなどの機能（できるようになったこと）を働かせて、気付いたこと（興味の源泉）に向かう（自らで面白さを探索する）。
保育者はまりかちゃんに向かって、としひろ君を抱いたまま身体を左右に「ゆらゆら」と言いながら揺らす。すると、大急ぎでもう少し近くまで這っていき②、	②保育者は、まりかちゃんの気持ち（保育者と、としひろ君のやり取りに気付き興味をもつ）を読み取る。そして、保育者は、一緒に遊ぼうと、「ゆらゆら」と動きを伴って一緒に遊ぼうと働きかける（まりかちゃんの気持ちを受け止め、まりかちゃんの興味に沿って）。
その前ではいはいの姿勢でとまってその様子を見ている。その内、まりかちゃんも保育者の身体の動きに合わせてゆらゆらと身体を左右に揺らす。それを見て、保育者がまりかちゃんに向かって、としひろ君の手を取り、「パチパチ」と言いながら両手を打ち合わせる③と、	③保育者は、まりかちゃんが保育者からの誘いを受け止め、同じように身体を揺らす（その動作の楽しさに共鳴する：動作をする（情動交流）。保育者は同じ動作をする楽しさに共感しながら、この間遊んだパチパチも楽しいよね、それでも遊んでみようと動作で誘う（まりかちゃんととしひろ君の興味に沿って、受け入れ可能な程度の遊びの提案）。保育者は3人で楽しさを共有していることを意識してパチパチと動作する（友だちとの関係の育ちへつなげる働きかけをする）。
まりかちゃんははいはいの格好からお座りになり、笑いながら同じようにパチパチする④。	④まりかちゃんは、できるようになっている力（はいはいの姿勢からお座りをして）で、同じ動作で楽しさを共有する（よりよい生活を営む）ことへと情動（気持ちを）を調節（移行）していく。

注：エピソード下線①と保育者の対応の①は対をなしている。

● 生活や遊びを通して行われる

　遊びとはどのようなことを言うのか、ここでは高橋を引用することにします。高橋は、遊びに関する所説を考慮し、主に心理学的機能から遊びの特徴を整理し、図13（筆者改変）を表しました。

図13　遊びの心理的要素（筆者改変）

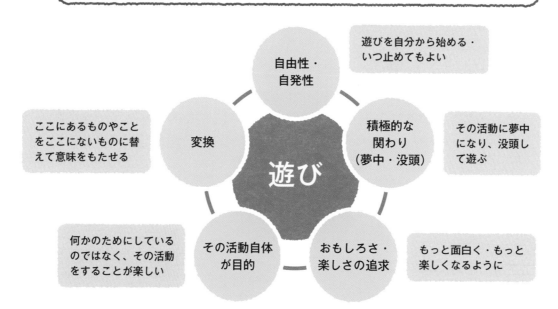

出典：高橋たまき、中沢和子、森上史朗共著 『遊びの発達学—基礎編』培風館、p6、1996年を一部改変

遊びは自分から、あるいはその周囲に興味をもち、楽しさやおもしろさを求めて積極的に関わり、夢中にさせる活動と言えます。さらに、夢中になっている活動（遊び）は、何かを学ぼうとしてその活動（遊び）をしているのではなく、その活動自体がおもしろい・楽しいからするのであり、おもしろくなくなったらいつでもやめる自由があります。また、最も遊びらしい要素として、何かに成り代わって楽しく（ふり遊び等）、また、何かに見立てて（見立て遊び等）そのおもしろさを追求するということがあります。

　以上の、全く主体的な子どもの活動（遊び）と保育（教育的側面）はどのような関係にあるのでしょうか。

　遊びには始まりと終わりがあります。この遊びのそれぞれにプロセスにおいて、子どもが体験していることと保育者の対応をまとめたのが図14です。この遊びのプロセス（図14参照）において、子どもが何をどのように体験しているのかが保育の質を決めることになります。そして、主体性を大切にする保育において、遊びがどれだけ重要であるのか理解できます。

　例えば、子どもが遊び出しました。遊びはいつ初めていつ終わってもよいという特性をもっているので、それで遊ぶ楽しさを十分に体験できていないと、次から次へと子どもの興味が移ろいます。そのままにしておくと、遊びに夢中になる、没頭するということが難しくなります。発達に必要な体験が難しくなるどころか、落ち着きなく動き回ることにもなりかねません。

　保育者には、子どもの興味を理解して遊びたくなる環境を用意することが求められます。子どもが夢中で遊ぶようになるために、特に3歳未満児においては、保育者が一緒に楽しく遊ぶことが必要です。また、遊びの終わり方は、子どもがある程度満足して充実感をもって次の活動へ自分で移っていけるよう片づけの在り方などを工夫することが必要です。これが保育の質（主体的で、対話的で深い学びが起きる）を左右します。つまり、質の高い遊びの展開が子どもの発達体験の質に影響するということです。

図14　遊びのプロセスとそこでの体験・保育者の対応

遊びのプロセス	遊びの創出	→	遊びへの没頭	→	遊びの終わり（振り返り）
子どもが体験していること	●遊びの環境 ●遊びを誰が作り出すか（保育者から、子どもから）		●楽しさ・面白さの追求 ●試行錯誤・工夫・協力 ●失敗や葛藤 ●課題解決 ●折り合い ●挑戦など		●面白かった ●またやろう ●明日もやろう
保育者の対応	●子どもが自ら遊びだしたことを発展できるように援助する（遊びたくなる環境） ●保育者が子どもの興味・関心を読み取ってそれらが満足できるような遊びを提案し発展させていく		●一人で面白さを追求することを必要に応じてサポートする ●一人の遊びの面白さをほかの子と共有できるように適宜サポートする ●集団の遊びをサポートする。子ども同士では難しそうな場面を一緒に考えたりする		●自分から満足感・充実感をもって終れるようにする ●次への期待をもって終れるようにする ●終わり方の工夫（たとえば片づけのあり方など）

　乳幼児期の保育（教育的側面）は、生活や遊びを通して行われることを特徴とすることが、小学校以上の教育と異なるところです。再度、ここで強調したいことは、何かのために遊ぶのではないということです。例えば、字を覚えるために絵本を読むのではありません。保育者から絵本を読もうと誘ったとしても、字を教えるためではありません。子どもと一緒に楽しく絵本を見たいと誘うのであり、子どもはおもしろそうと心動かされて絵本を見ることになります。絵本の楽しさの体験を保育者と共有することの積み重ねの中で、または、子どもから絵本に触れる中で、絵の美しさを感じたり、絵と字の関係に気づいたりという過程を経て、例えば字に興味をもつことになるかもしれないということです。

　子どもの主体性を大切にし、その主体性を育てる保育の特性は、養護と教育が一体となって行われること、生活や遊びを通して行うことが重要であることをこれまでに述べました。これらを特性とする乳幼児期の保育（教育的側面）は、環境による保育によって必然的に導き出されることになります。

3 保育内容の展開

① 保育を構造化してとらえる

● 保育の全体的な計画

　保育の全体的な計画は、保育所の理念や方針をふまえ、入所から就学に至るまでの期間全体に渡って、保育の目標を達成するために、どのように保育を進めていくのかという保育の全体像を包括的に示したものです。そのため、保育所におけるすべての計画を含み込んだものとなります。全体的な計画について、保育所保育指針では次の点に留意して作成するとしています。

> ● 子どもの発達過程を踏まえて、保育の内容が組織的・計画的に構成され、保育所の生活の全体を通して、総合的に展開されるよう作成する。
> ● 子どもや家庭の状況、地域の実態、保育時間などを考慮し、子どもの育ちに関する長期的見通しをもって適切に作成する。
> ● 全体的な計画は、指導計画、保健計画、食育計画等を通じて、創意工夫して保育できるように作成する。

　図15は、全体的な計画に含まれる計画の関連を示したものです。全体的な計画は、保育所がその役割を果たすために、子どもの望ましい発達をめざして展開するあらゆる計画が含まれています。保育の全体的な計画は、子どもの最善の利益を保障するうえでの、保育所の根幹をなす計画であり、すべての計画の最上位に位置づけられます。したがって、その保育所に勤務するすべての職員に共有されるものです。

図15　保育の全体的な計画の構造

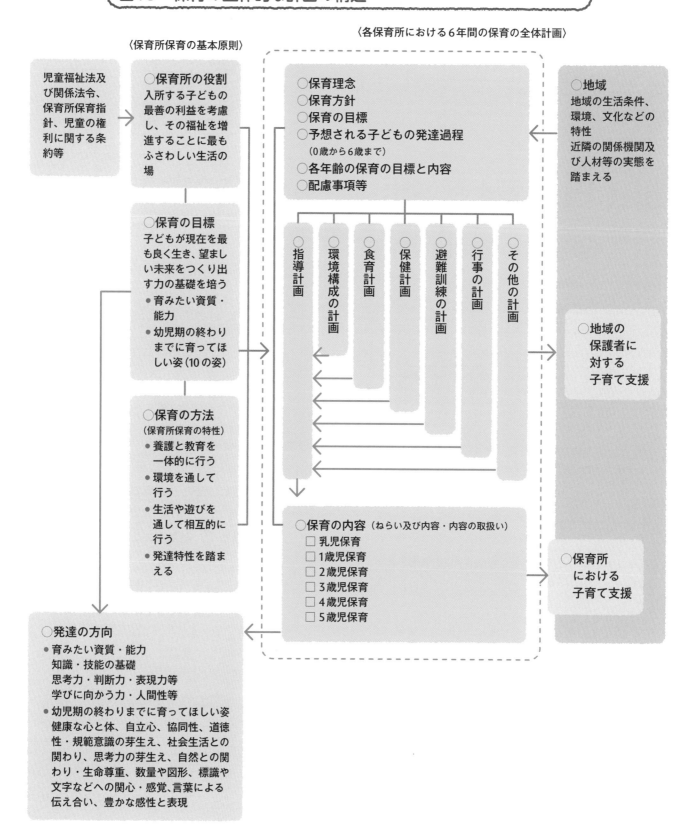

〈保育所保育の基本原則〉

〈各保育所における6年間の保育の全体計画〉

児童福祉法及び関係法令、保育所保育指針、児童の権利に関する条約等

○保育所の役割
入所する子どもの最善の利益を考慮し、その福祉を増進することに最もふさわしい生活の場

○保育の目標
子どもが現在を最も良く生き、望ましい未来をつくり出す力の基礎を培う
● 育みたい資質・能力
● 幼児期の終わりまでに育ってほしい姿（10の姿）

○保育の方法
（保育所保育の特性）
● 養護と教育を一体的に行う
● 環境を通して行う
● 生活や遊びを通して相互的に行う
● 発達特性を踏まえる

○保育理念
○保育方針
○保育の目標
○予想される子どもの発達過程
（0歳から6歳まで）
○各年齢の保育の目標と内容
○配慮事項等

指導計画
環境構成の計画
食育計画
保健計画
避難訓練の計画
行事の計画
その他の計画

○保育の内容 （ねらい及び内容・内容の取扱い）
□ 乳児保育
□ 1歳児保育
□ 2歳児保育
□ 3歳児保育
□ 4歳児保育
□ 5歳児保育

○地域
地域の生活条件、環境、文化などの特性
近隣の関係機関及び人材等の実態を踏まえる

○地域の保護者に対する子育て支援

○保育所における子育て支援

○発達の方向
● 育みたい資質・能力
知識・技能の基礎
思考力・判断力・表現力等
学びに向かう力・人間性等
● 幼児期の終わりまでに育ってほしい姿
健康な心と体、自立心、協同性、道徳性・規範意識の芽生え、社会生活との関わり、思考力の芽生え、自然との関わり・生命尊重、数量や図形、標識や文字などへの関心・感覚、言葉による伝え合い、豊かな感性と表現

● 全体的な計画の作成の手順

　全体的な保育の計画のもとに保育が運営されます。したがって、保育は施設長のリーダシップのもとに組織的な取り組みとなり、すべての職員が関わることになります。保育所保育指針解説では全体的な計画の作成の手順として以下の例をあげています。

1）保育所保育の基本について、職員間の共通理解を図る。
   ●児童福祉法や児童の権利に関する条約等、関係法令を理解する。
   ●保育所保育指針、保育所保育指針解説の内容を理解する。
2）乳幼児期の発達及び子ども、家庭、地域の実態、保育所に対する社会の要請、保護者の意向などを把握する。
3）各保育所の保育の理念、目標、方針等について職員間の共通理解を図る。
4）子どもの発達過程を長期的に見通し、保育所の生活全体を通して、第2章に示す事項を踏まえ、それぞれの時期にふさわしい具体的なねらいと内容を、一貫性をもって構成する。
5）保育時間の長短、在籍期間の長短、その他子どもの発達や心身の状態及び家庭の状況に配慮して、それぞれにふさわしい生活の中で保育目標が達成されるようにする。
6）全体的な計画に基づく保育の経過や結果について省察、評価し、課題を明確化する。その上で、改善に向けた取組の方向性を職員間で共有し、次の作成に生かす。

● 指導計画の構造

　指導計画（図15の点線で囲われた部分参照）は、全体的な計画に基づいた保育を実施する際のより具体的な方向性を示したものです。指導計画は、ある時期における子どもの姿から考えられる保育のねらい・内容・環境、そこで予想される子どもの活動、それに応じた保育者の対応や配慮、家庭との連携や保育者間の連携のあり方などが記入されます。

　指導計画は、長期のもの（年間指導計画、期間指導計画、月案）と短期のもの（週案、日案）があります。短期になればなるほど具体的になっていきます（図16参照）。

現実的には、日案は必要に応じて作成されますが、通常は週単位で、あるいは月を2つか3つに分けて作成されます。年齢が低いほど計画の期間を細かくしないほうが子どもの発達に即していると思います。

図16　全体的な計画から、日々の保育（指導計画日案）へ

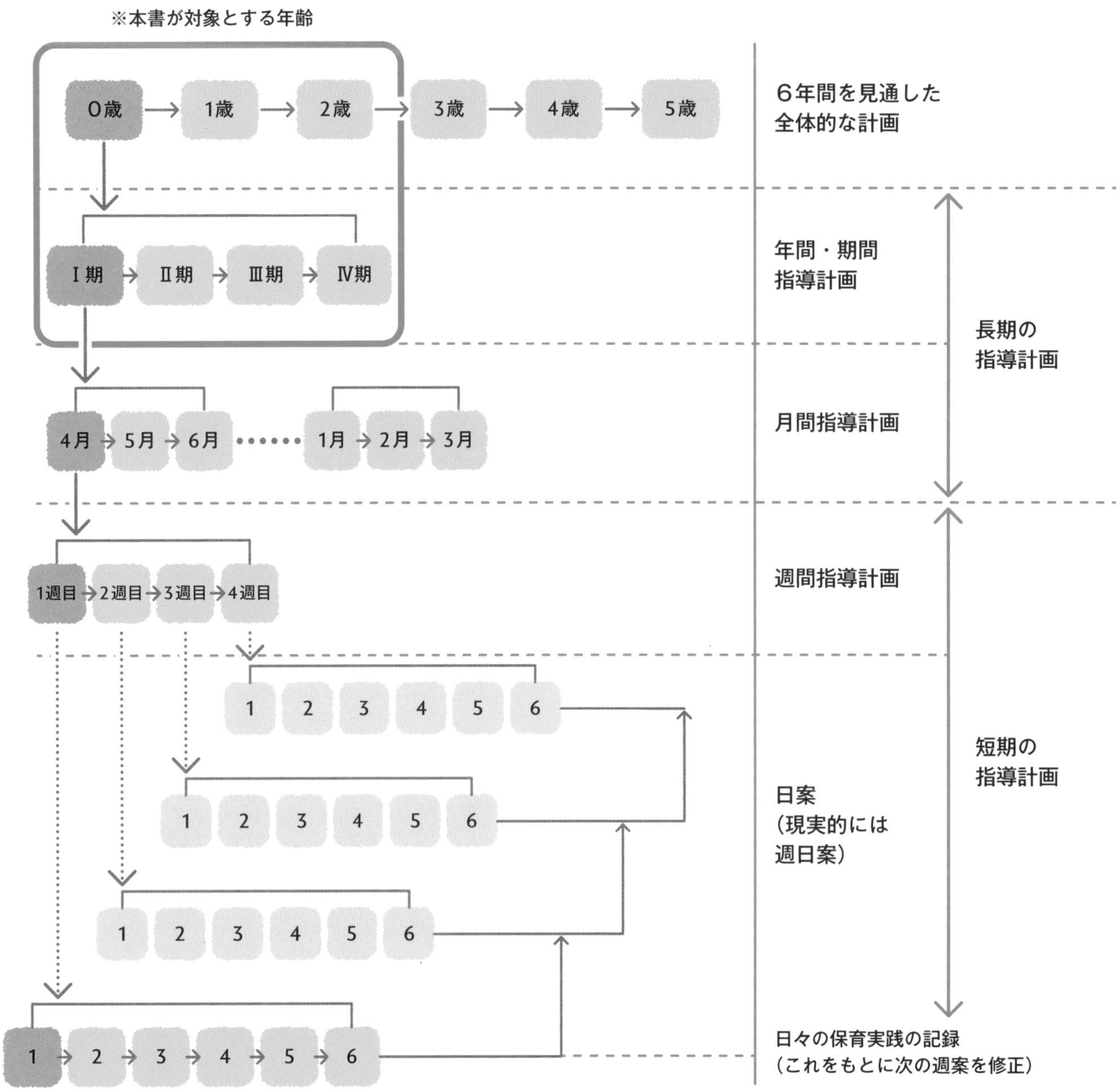

※本書が対象とする年齢

0歳 → 1歳 → 2歳 → 3歳 → 4歳 → 5歳	6年間を見通した全体的な計画
Ⅰ期 → Ⅱ期 → Ⅲ期 → Ⅳ期	年間・期間指導計画
4月 → 5月 → 6月 ‥‥‥ 1月 → 2月 → 3月	月間指導計画
1週目 → 2週目 → 3週目 → 4週目	週間指導計画
1 2 3 4 5 6	日案（現実的には週日案）
1 2 3 4 5 6	
1 2 3 4 5 6	
1 → 2 → 3 → 4 → 5 → 6	日々の保育実践の記録（これをもとに次の週案を修正）

長期の指導計画

短期の指導計画

●3歳未満児の指導計画作成の留意点

　指導計画の作成においては、保育のねらいや内容を参照するとともに、子どもたちの生活や遊びを基底で支える健康や安全、保護者支援なども考慮します。同時に、自らのクラスの一人ひとりの子どもの発達や願いを理解して作成することになります。特に、3歳未満児においては、心身の発育・発達が顕著な時期であり、その個人差も大きいため、一人ひとりの子どもの状態に即した保育が展開できるよう、個別の指導計画が必要になります。保育所保育指針では、3歳未満児の指導計画の作成上の留意点として以下の点をあげています。

> （ア）3歳未満児については、一人一人の子どもの生育歴、心身の発達、活動の実態等に即して、個別的な計画を作成すること

　個別の計画は、月ごとに立てることを基本とし、子どもの状況や季節の変化などにより、ある程度見通しに幅をもたせ、子どもの実態に即した保育が可能となるように立案します。

　保育所における集団生活の中で、保育者が一人ひとりの子どもの欲求に丁寧に応答するために創意工夫が求められます。それには、子どもが安心感をもって、探索活動や好きな遊びができる環境をどのように構成するのか、また、一人ひとりの不安や混乱した状態などが適宜、保育者に受け止められるように配慮された計画になっていることが重要になります。

　保育所保育指針の解説では、以下の点も求められています。

> - 3歳未満児は心身の諸機能が未熟であるため、担当する保育士間の連携、看護師・栄養士・調理員等との緊密な協力体制の下で、保健及び安全面に十分配慮すること
> - 緩やかな担当制の中で、特定の保育士等が子どもとゆったりとした関わりをもち、情緒的な絆を深められるようにすること
> - 保護者支援においては、その思いを受け止めながら、「子どもの育ちを共に喜び合う」という基本姿勢をもち、一日の生活全体の連続性を踏まえて家庭との連携を盛り込むこと

② 保育（指導計画）の展開

● 子どもの姿—計画—実践—振り返り・
　評価—計画の修正・改善

　保育は、「今・ここ」での子どもとの関わりや生活（遊びを含む）だけをさすわけではありません。直接子どもと関わるやりとりは、育ってほしい子ども像（目標）に向けて、子どもの気持ちを尊重しながらどのような内容（体験してほしいこと）をどのように展開するのか、指導計画をもとに実践することになります。

　子どもとの「今・ここ」の関わりの実際においては、必ずしも計画通りにはいかず、子どもとのやりとりの最中において、子どもの気持ちを尊重して、計画を微調整したり、関わり方の修正してみたりと、その場と対話しながらの実践になります。

　実践後は、やりっぱなしというわけにはいきません。子どもの望ましい発達を保障するために、自らの保育実践を評価する（振り返る）ことになります。自分の記憶だけではなく、どのように子どもと関わったのか、子どもの活動はどうだったのかなどを記録し、その記録をもとに、保育実践を振り返ることを通して評価を行います。

　保育の評価をもとに、計画を修正したり、あるいは改善をした計画を改めて作成することになります。

　つまり、日々の保育は、目の前の子どもの生活や遊びに現れる姿から計画を立て、それをもとに実践し、実践においても子どもの姿を意識することになります。実践終了後に、記録された子どもの生活や遊びの姿をもとに実践を振り返り、評価します。この評価（子どもにとってどうだったか）をもとに、次の計画の修正をして実践に臨むことになります。保育の営みは途切れることなく計画→実践→評価→計画の修正・改善→実践……と循環し続けることになります（図17参照）。

　この計画と実践を子どもの姿に添って改善・実践されることで、保育の質（子どもの最善の利益）の向上が図られていきます。

図17　保育の構造

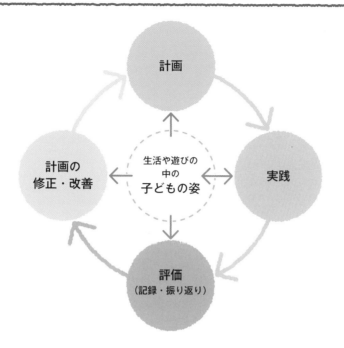

●3歳未満児の指導計画作成の手順

指導計画作成の手順は、個別の計画もクラスの指導計画も同じです。ここでの事例は、月の個別の計画を用います。

前月の子どもの姿をとらえる

保育の場は、一人ひとりの子どもが主体として生活や遊びをする中で、様々な発達につながる体験をするところです。その一人の子どもの発達を支えるための指導計画ですから、まずは、その子どもの今の発達過程をできる限り理解します。個別の指導計画のもとになるのは、標準的な子どもの発達の姿やこの年齢ではこうあるべきという保育者の子ども像ではありません。

その子どもの姿を何で理解するのか。日々の子どもとの関わり（関わりの事実）を記録した保育日誌の中の、その子どもについてのエピソード記録の集まりから理解することになります。そのためには、一人ひとりとの関わりを意識的にすることです。そして、その日のうちに保育日誌に記録することです。やり取りの記録は、やり取りの状況が後で読んでもほかの保育者が読んでも理解できるように、個人名で、具体的

に記録します。

　次の月の指導案を作成するために、前月の子どもの姿（日誌に現れたその子どもの姿）を整理することになります。実際には、前月の最後の週あたりの子どもの姿を抜き出します（表14・左側参照）。その姿から子どもの今の発達過程を理解します（表14・右側参照）。4月においては、新入児など前月がわからないときもあるので、最初のころの関わりを丁寧に記録したり、保護者からの聞き取りを丁寧に行って計画を作成することになります。

今月のねらいを設定する

　年間指導計画と前月の子どもの姿から考えることになります。あらかじめ作成されている該当期間（年間計画・期間計画）のねらいをもとにして、前月のこの子どもの姿に照らし合わせながら、今月のねらいを具体的に考えます。前月のねらいや子どもの姿から考えて、無理のないように連続させて、修正しなければならないところを修正して、月のねらいを設定します。

　事例にあげた保育室（0歳児クラス）の年間計画の該当期間のねらいとあまりずれ

表14　保育日誌（Aちゃん）・1歳0か月の発達の姿を理解する

日	子どもの姿の記録	体験していることを読み取る（子ども理解）
25	頻繁にダンボールのトンネルにはいはいしていき、保育者と「ばあー」と顔を合わせて笑い合う。そして、また、はいはいでトンネルに入っていく。	● 思うように体が動くことがうれしい。 ● 保育者と動作を伴って気持ちをやり取りすることを喜ぶ。
26	ジャングルジムに向かってはっていき、つかまって立ち上がる。ふらふらしてバランスが崩れるので、後ろから体を支え、座らせるが、また立ち上がる。	● ジャングルジムがどんなものであるのかわかり、やってみようとする（今を超える力）
27	● 保育者がうたっていると、声を聞きつけてはいはいで近寄ってくる。目が合うとにっこりして歌を聞いている。「ゾウさん」をうたうと合わせて体を揺らしている。 ● 戸から顔をだして「いあー」と言ったりかくれたりして笑っている。 ● 食事の準備をしていると食べたいととても言っているかのように声を出して訴える。	● 保育者の歌（興味のある）をよろこんで聞く。 ● 歌に合わせて喜びを体で表現する。 ● いないいないば〜がわかり、自らその楽しさを作り出そうとする。 ● 気持ちを喃語で表現する。
28	● 保育者の顔を見て笑いかけることがよくある。保育者のまなざしや表情を見て、体を揺らす。 ● 排便がスムーズになっている。体の動きがスムーズになったことも関係があるのだろうか。	● 自分から、相手（大好きな保育者）が応えてくれるのを期待して働きかける（笑顔で、体を揺らして、うたって）。
29	● 早く食べたいと身を乗り出し、声を出しながら訴える。1対1で離乳食を食べている時に来客あり。その対応のために「お客さんのところに行ってくるね」とほかの保育者にお願いをして離れると、怒り大泣きで食べようとしない。対応が終り「ごめんね。お客さんだったよ」と言いながら抱き上げると、泣きは治まり、パクパク食べ始めた。	● 自分の欲求を体や喃語で訴える。 ● 予想を裏切られることに対する怒りを表現する（大泣き、食べない─要求がはっきりしてきている）。元に戻ったこと（不満が解消されたこと）で、安心する
30	● 午睡中、目覚めた時、保育者がそばにいて「おるよー。おめめさめたねー」と声をかけると安心したのかまた眠る。 ● トンネルから顔を出し、「ばあー」と言うのに合わせて「ばあー」と返すと何回も「ばあー」をくり返し笑顔があふれる。	● 安心感 ● やり取り遊び（働きかけ、働きかけ返してもらうことの快さを味わう（信頼感の深まり）

25日〜30日の保育日誌から、Aちゃんについて書かれているエピソードを抜き出したもの

ていなかったことと、子どもの発達理解（表14・右側参照）をもとに、ねらいが片寄らないように3つの視点、つまり、「健やかに伸び伸び育つ」「身近な人と気持ちが通じ合う」「身近なものと関わり感性が育つ」から考えます。いつでも3つの視点が揃っていなければならないということではありません。ちなみに、事例の子ども前月の姿からは、ものと関わる活動が活発ですが、保育者は「体が思うように動く喜び」に視点を置いて、以下のようなねらいを設定しました。しかし、ものとの関わりをないがしろにしているということではありません。

ねらい

- 周囲のものに自分から関わるなど、体が思うように動くことを喜ぶ。
- 保育者の言うことが分かり、一緒に動作するなどして楽しんだり、自分から保育者に働きかけたりする。
- 思うようにいかないことを泣いて訴えるなど主張する。

ねらいを達成するための内容を考える

　内容は、どのような体験をすることでねらいの達成に向かうのかを考えます。体験の内容が片寄らないように、ねらいと対応させる形で考えることになります。
　事例のねらいに沿って、内容を考えてみましょう。

内容

- 保育者に見守られて安心して眠る。
- 好きなおかずを見つけて手に持って食べようとする。
- 興味のあるものを見つけて、思うように動き回ることの楽しさを感じる。
- 保育者の歌やリズムなどに合わせてやり取りすることを喜ぶ。

　ねらいの達成に向けて、Aちゃんの興味や関心からの活動を通して十分に体験してほしいこととして、上記の4つの内容を考えました。内容は保育者がAちゃんに体験してほしいこととして考えたものですが、子ども（Aちゃん）は自分の欲求から活動

します。そして、この活動を通して体験されることで、子どもは発達（様々な力を身につけていく）していきます。ですから、内容（大人が子どもに体験してほしいこと）と活動（子どもが自ら行動すること）は異なります。

　例えば、ねらいの「周囲のものに自分から関わるなど、体が思うように動くことを喜ぶ」に対応する内容は、「好きなおかずを見つけて手に持って食べようとする」「興味のあるものを見つけて、思うように動き回ることの楽しさを感じる」があげられます。ねらいの達成に向けての子どもの興味からの活動として考えられることは、穴に物を入れようとする、小さな隙間を通り抜けようとする、鉄棒にぶら下がる、ほかの子の落としたおかずを拾おうとする、シャベルで穴を掘ろうとする、水道の蛇口を回そうとする、トイレのレバーを押して水の流れるのを見る、トイレットペーパーを引っ張り出す、でこぼこ道を危なげに歩くなど、日常の子どもの姿を観察すると無数にあるわけです。ですから、内容としてあげた２つにこだわらずに、それらと同じ体験が可能となる活動で代替されるかを考えることになります。大人が決めた内容を無理強いすることのないように、柔軟に対応したいものです。

　ただし、危険を避けるなどの安全面は保育者がしなければならないことです。何を禁止するのか、そして、どのように禁止するのかは十分に検討することが必要になります。そうしないと、子どもが主体的に、自分の体を思うように動かすことを楽しいものと感じる体験が難しくなり（強いられることでは楽しさを感じない）、自立の基礎となる体を思うように動かすことの快さにならないということです。

環境を構成する

　環境の構成は、一つの保育室で数人の子どもたちが一緒に生活しているので、必ずしも、その子ども（Aちゃん）だけの活動を考えて構成されるわけではありません。この保育室に生活する一人ひとりの子どもの、それぞれのねらいと内容が達成される子どもの活動を予想して構成されることになります。

-------------------------------- 環境構成 --------------------------------

- 一人ひとりのペースで飲んだり食べたりできるように、また、眠たい時に眠れるように場を区切るなどして静かでゆったりとした環境を整える。
- 一人ひとりの体調や、天候を見ながら、園庭に出て遊んだり、ベビーカーなどを使って散歩に出かけたりする機会をつくる。

- 一人ひとりの子どもの発達や興味にそったおもちゃを用意して、子どもが取りやすいように遊びのコーナーなどを工夫した環境を整える。

保育者の配慮

　一人ひとりの子どもの主体性を尊重した保育において、また、養護的側面として保育者が適切に行うことは、一人ひとりに対して行うことになります。Aちゃんの養護的側面を含めた配慮点を考えてみましょう。

保育者の配慮（養護的側面を含む）

- 自分で手に持って食べるうれしさに共感しながらAちゃんのペースで食べられるようにする。
- おむつを替えるのを嫌がるときには、Aちゃんの好きな歌をうたいながら無理強いしないように誘う。おむつを替えているときは、「おしっこでたね」「気持ちよくなったねー」と言葉を添えて気持ちよさを感じられるようにする。
- 室内の滑り台で遊んだり、室内外をはったり、つかまり立ちしたりするなど、思う存分に体を動かせるよう環境を整える。滑り台など大型遊具のそばですぐに対応できるように見守り、安全に遊べるように気を配る。
- Aちゃんの表情や声などでの働きかけに、「うれしいね」「見つけたの」などと共感しながら応答し、保育者とのやり取りに喜びを感じられるようにする。

保護者との連携

　子どもは、目覚めている時間のほとんどを保育所で過ごしていますが、保育所だけで育っているわけではありません。子どもの24時間を視野に入れた保育が必要になります。保護者が、直接関われない子どもの様子を知り、共に育てていくためには、保育者との連携が必要になります。連絡帳や朝夕の送迎時のやり取りが大切になります。その時間をどのように過ごすか。また、連絡帳に何を書くかを考えておくことが大切です。

　Aちゃんの次の月の保護者との連携について考えてみましょう。

- 離乳食の進め方について、園と家庭で大幅くズレないように、連絡帳や送迎時に、食事中のＡちゃんの様子を伝える。手づかみは自分で食べようとする気持ちの現れであり、発達の意味合いを含めて対応の仕方などを伝え、家での様子も知らせてもらう。
- 体が動くことがうれしく活発になってきているなど、成長を喜び合うとともに、危険や誤飲など、気をつけたいことを具体的に知らせ、対応について共有を図っていく。

　以上、０歳児クラスのＡちゃんの例をもとに、個別の指導計画作成の手順を具体的に見てきました。ほかに、クラス全体としては、保育者間連携やその月の行事などをどのようにするのかについて確認し、計画します。

● 指導計画作成後の確認

　以上の手順で指導計画（月の個別の計画）を作成しました。次のチェック・ポイントに従って指導計画の最後の確認をします。

☑ 計画に当たって、先に活動を決めていなかったか（子どもの姿の理解からの計画）。

☑ 活動だけが書かれている指導計画になっていないか。

☑ ねらいと内容の意味を理解し、区別して記述しているか。

☑ ねらいを子どもの生活や遊びの姿からとらえているか（子どもが主語になっているか）。

☑ ねらいと内容が対応しているか（ねらいはねらい、内容は内容とばらばらになっていないか）。

☑ 環境の構成や配慮は、子どもの発達や興味に即したものになっているか。

☑ 環境の構成や配慮は、内容を体験するうえで予想される子どもの活動を多方向からとらえて構成されているか、配慮があるか。

☑ 家庭との連携は保護者の事情や願いを理解して立てられているか。

③ 保育の振り返り・評価

●自己評価

　保育の評価は、一人ひとりの子どもの発達過程と育ちへの要求を理解し、育とうとする子どもの発達を援助するうえで、より適切な環境構成や関わり方などを考えるために行います。一般化された発達の姿を基準に、その姿に到達しているかどうかを評価するのではなく、発達の過程そのものを、つまり、子どもの今の姿をとらえ、その子どものこれからのねらいや内容を考えるためのものです。子ども同士の育ちを比較するためではありません。

> ア　保育士等の自己評価
> （ア）保育士等は、保育の計画や保育の記録を通して、自らの保育実践を振り返り、自己評価することを通して、その専門性の向上や保育実践の改善に努めなければならない。
> （イ）保育士等による自己評価に当たっては、子どもの活動内容やその結果だけでなく、子どもの心の育ちや意欲、取り組む過程などにも十分配慮するよう留意すること。
> （ウ）保育士等は、自己評価における自らの保育実践の振り返りや職員相互の話し合い等を通じて、専門性の向上及び保育の質の向上のための課題を明確にするとともに、保育所全体の保育の内容に関する認識を深めること。
>
> （保育所保育指針第1章、下線筆者）

保育の記録－保育日誌を丁寧に

　あるべき姿や思い込みからの保育ではなく、子どもの姿から保育を組み立てる子ども主体の保育には、その実践のための根拠が必要になります。これからの子どもの発達を保障するうえでのねらいや内容を考えるために、今・ここの子どもの姿をありのままにとらえ、その姿をもとに発達過程を理解し見通しをもつことが重要です。その

ために保育日誌を位置づけたいものです。一般的によく見られるような、後で見ることがほとんどないような業務日誌としてではありません。

　保育日誌に書き込む項目は様々ありますが、特に、子どもの生活や遊びの姿をとらえるための一人ひとりの子どもの姿が書き込まれていることが必要となります。毎日、クラス全員の子どもというわけにはいかないと思いますので、一週間単位ぐらいで、クラスの子どもの全員の姿が記されているようにしましょう。

保育日誌の子どもの姿から子ども理解を深める保育の評価

　それらの記録から、子どもの育ちをとらえる視点として、保育所保育指針解説を参照して以下のようにまとめました。

- 乳幼児期の発達の特性とその過程を参照し、その子どもの発達過程に沿って、ねらいと内容の達成状況を評価することを通して、一人ひとりの子どもの育ちつつある様子をとらえる
- 遊びのきっかけや、展開、終わりというように体験の連続の中で育つものに目を向ける
- ものや人に対する感情の揺れ動きなど、一人ひとりの心の動きや内面の育ちをとらえる
- 子どもが何をしていたのかとか、できるできないという行動面だけでとらえない
- 発達には個人差があるので、ほかの子どもと比べない
- 子ども同士及び保育者との関係など、周囲の環境との関わり方も視野に入れてとらえる
- 必要に応じて、生育歴や保育歴、家庭や地域社会での生活の実態なども考慮する

　一人ひとりの子どもの育ちを保障するうえでは、個別の理解が重要ですが、集団保育の場では、その場における子どもたちの生活や遊びを視野に入れながらの一人ひとりの理解ということになります。つまり、園環境の中で、保育者間、他職種間、保護者との連携のあり方、子ども同士の関係など、複雑に絡み合いながら、互いに影響を

受け合いながら育ち合っているという視点も忘れないようにしたいものです。

●保育を他者の目を通して評価する

　保育は究極において、主観的な営みです。主観的というのは、自分の思い通りに行うことではありません。保育の専門的な知識や技術をそのまま、例えば「こういう場合はこのように保育する」というように、保育を技術として用いるだけでは子どもは育ちません。保育の専門的な知識、技術をもった保育者が、子どもとの関係の中で心を動かされてやり取りする中で子どもは育っていきます。専門の知識や技術が保育者一人ひとりの保育実践の中で何度も何度も自問自答され、吟味がくり返され、自分のものになるという意味において主観的な営みと言えます。

図18　評価の構造

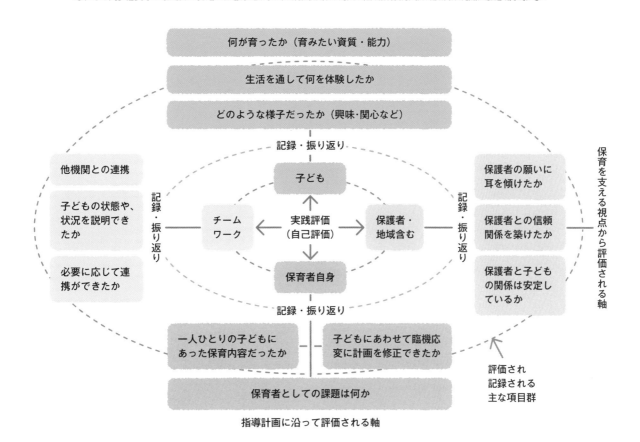

何が育ったか（育みたい資質・能力）

生活を通して何を体験したか

どのような様子だったか（興味・関心など）

記録・振り返り

他機関との連携		保護者の願いに耳を傾けたか
子どもの状態や、状況を説明できたか	子ども	保護者との信頼関係を築けたか
必要に応じて連携ができたか	チームワーク　実践評価（自己評価）　保護者・地域含む　保育者自身	保護者と子どもの関係は安定しているか

記録・振り返り　　記録・振り返り

保育を支える視点から評価される軸

記録・振り返り

一人ひとりの子どもにあった保育内容だったか　　子どもにあわせて臨機応変に計画を修正できたか

保育者としての課題は何か

指導計画に沿って評価される軸

評価され記録される主な項目群

このことを保育者は肝に銘じて、自分自身の保育実践を見る目、子どもを理解する目を厳しくチェックすることが要求されます。自らの主観のありようを問うことです。

　そのためには、自分で自分を見るだけではなく、他者の目を通して自分を見ること、他者との主観の在りようを共有する（間主観的といいます）ことが必須です。保育に対する主観を共有することで、自らの保育の妥当性を担保することになります。

　保育の評価は、個人だけで行うだけではなく、保育を行っている様子を保育者間で見合い、子どもの行動の見方や自分の保育について話し合うことなどが重要になります。保育者が、それぞれの作成した指導計画をもとに、保育における意図や願いを、子どものエピソードなどの根拠をもって話し合う中で、自らを他者の目を通して見ることになります。自分では気づかない良いところや課題を発見することになります。また、ほかの保育者の意見を聞いて、子どもの見方が広がったり深まったりします。このような取り組みを園全体で行うことで、園の保育の質の向上に向けた取り組みにもなります。

　保育の評価は、どうすれば子どもの最善の利益（一人ひとりの子どもの発達の保障）につながるかの評価であり、欠点を探し出して、その欠点を直すように迫る評価ではないということです。保育の評価をきちんと行う道しるべとして、これまでに述べたことを図18に表しました。項目を参照しながら、子どものための、そして、自分の専門性向上のための評価を行いましょう。

資料

関連する計画

全体的な計画

保育理念	◉ 健やかで心豊かな子どもを育てるとともに、保護者に信頼され、子育て家庭にやさしい、地域に開かれた園をめざす
保育目標	● 心身ともに健康な子ども ● 意欲、自主性、思いやりのある子ども ● 豊かな感性をもつ子ども
保育方針	● 一人ひとりの子どもの心に寄り添い、安心感と信頼感のある保育 ● 自由感のある保育の中で、失敗やまわり道をしながら様々な経験を重ね、生きる力を培う保育 ● 異年齢保育を通し、思いやりや助け合いの心を育てる保育

発達過程	0〜2歳	6か月未満 ● 心身の未熟性 ● 著しい身体的成長と感覚の発達 ● 首がすわる、寝返り、腹ばい ● 表情の変化、体の動き、喃語などによる表現	6か月から1歳3か月未満 ● 座る、はう、立つ、伝い歩き、手を使うなど、運動機能の発達により探索行動が活発になる ● 大人との関わりが深まり、やりとりが盛んになる ● 愛着と人見知り
	3〜5歳	3歳から4歳 ● 基本的生活習慣の形成 ● 話し言葉の基礎の形成、知的興味・関心の高まり ● 予想や意図、期待をもった行動 ● 平行遊び	4歳から5歳 ● 全身のバランス力、体の動きが巧みになる ● 自然など身近な環境への関わり方や選び方を体得 ● 自意識の高まりと葛藤の経験、けんかが増える

健康支援	健康診断（年2回）　歯科検診（年2回）　身体測定　日々の健康視診　保健指導（手洗い、歯磨き、うがい）　食育推進（食事・健康だより発行）　家庭での健康把握（0・1歳児）　アレルギー児への対応（除去食、代用食）　感染症の発生および対応の広報
環境・衛生管理	園舎内外の清掃　布団乾燥（年3回）　尿検査（年1回）　職員検便（調理、0・1歳児担当者　毎月）　ペーパータオル使用（全園児、全職員）　ポンプ式泡石けん使用　個別用タオル使用（3歳以上児）　乳児おもちゃの清浄・消毒　砂場の消毒　カーテン・じゅうたんのクリーニング
安全対策・事故防止	避難・消火訓練（毎月）　園庭遊具・施設設備安全点検（年4回）　事故記録簿の作成　災害救助協力員の設置　交通教室（毎月）　危機管理マニュアル作成　救命（AED）講習会（年1回）　ヒヤリハット記録
保護者・地域等への支援	保育参加　祖父母学級　連絡帳による情報交換（毎日）　園だより・クラスだよりの発行　園開放（毎週水曜日）　世代間交流　実習生・中高生職場体験・ボランティア受け入れ　地域行事への参加（小学校運動会、「コミセンまつり」）　献立表　食事＆健康だより

人権尊重
　保育者などは、子どもの人権を守るために、法的、制度的に裏づけられていることを確認し、人権に配慮した保育を行う

説明責任
　保護者や地域社会に対して、園の理念・方針・保育の内容などを適切にわかりやすく説明する

情報保護
　保育にあたり知り得た子どもや保護者に関する情報は、正当な理由なくもらしてはならない

苦情処理・解決
　苦情解決責任者である施設長の下に担当者を決め、書面における体制整備をする。また、第三者委員会を設置する。内容について、職員の共通理解を図る

1歳3か月から2歳未満
- 歩行の開始と言葉の習得
- 歩く、押す、つまむ、めくるなどの運動機能の発達による行動範囲の拡大
- 周囲への関心や大人との関わりへの意欲の高まり

2歳以上
- 歩く、走る、跳ぶなど基本的な運動機能の伸長や指先の機能の発達
- 食事、衣類の着脱、排泄などを自分でしようとする
- 語彙の増加、自己主張の高まり、自我の育ち
- 模倣やごっこ遊びが始まる

5歳から6歳
- 基本的生活習慣の確立
- 運動遊びをしたり、全身を動かしたりして活発に遊ぶ
- 仲間とともに遊ぶ中で規範意識や社会性を体得
- 判断力・認識力の高まりと自主性・自律性の形成

6歳以上
- 滑らかで巧みな全身運動、意欲旺盛で快活
- 仲間の意思の尊重、役割分担や協同遊びの展開
- 思考力や自立心の高まり、自然・社会事象などへの興味・関心の高まり

研修計画	園内研修（保育指導研究会・課題をもった研修会）　園外研修　自主研修
特色ある保育	異年齢混合保育（3歳児以上）　乳児保育（担当制の導入）
小学校との連携	保育所児童保育要録などの送付　就学児情報交換会　運動会・発表会の観覧　就学前の小学校見学　小学校高学年の来園（交流会）
自己評価	保育理念・保育方針・保育課程の理解　保育者の評価（自己評価表の実施）　保育所の評価

主な行事：入園式　こどもの日　お楽しみ会　クラス遠足　七夕まつり　親子バス遠足　親子夏まつり　運動会　発表会　クリスマス会　だんごさげ　作品展　豆まき　バイキング　ひなまつり　卒園式　誕生会

保健計画

目標	健康な心と体を育て，自ら健康的で安全な生活ができるような力を養う

ねらい

- ◉ 保健的で安全な環境の中で生命を保持し、一人ひとりの生理的欲求や思いを受け止め、情緒の安定を図る。
- 簡単な身のまわりのことに興味をもち、自分でしようとする。
- いろいろな遊びを通し、保育者や友だちと関わることを楽しむ。
- 自然や身のまわりのものに興味や関心をもつ。
- 保育者や友だちとの関わりの中で、少しずつ言葉を覚え、自分の思ったことを伝えようとする。
- 生活や遊びの中で、様々な歌や音楽に触れ、自分なりに表現することを楽しむ。

年齢別のねらい

乳児

- 一人ひとりに合った生活リズムで、心身ともに健康に過ごす
- 睡眠、食事、排泄などの生理的欲求を満たし、生活リズムを整える
- 寝返り、ハイハイなどの運動を十分にする

	1期のねらい（4・5・6月）	2期のねらい（7・8・9月）
内容	● 新しい環境や園の生活に慣れる ● ゆったりとした生活の中で、体のリズムを整え生活する	● 戸外で元気に遊ぶ ● 暑さに負けない元気な体をつくる ● 生活リズムを整える
保健に関する事項	● 園児検診 ● 内科健診、歯科検診（全園児実施） ● 健診嘱託医との連絡 ● 健康管理 ● 職員細菌検査（検便）毎月 ———— ● 乳幼児の身長・体重測定　毎月 ————	● 心理相談（随時） ● 健診嘱託医との連絡
健康管理に関する事項	● 入園児の健康診断と結果の把握 ● 園児の身体的特徴の把握（発育状況、既往歴、予防接種状況、体質、特徴の把握） ● 衛生品整備 ● 健康状態の観察・検温の徹底（毎日） ● 清潔の習慣づけ、手洗いの徹底 ● 室内を換気し湿度・温度を調整する ● 入園児の疲労に留意する ● 梅雨時の衛生管理 ● 汗をかいたら沐浴を行い、衣服の着替えを行う ● 気温の変化によって衣類を調節する ● 冷房器具の整備 ● 遊具消毒、壁・床消毒（毎月）	● プール開き（水遊び時の健康状態の把握） ● 暑さに体が適応しにくいので、休息を十分にとるように指導する ● 皮膚の状態、頭髪の観察（とびひ、頭しらみの有無等） ● こまめに水分摂取を促す ● 日よけの完備、風通しをよくし、気温と室温の差に留意する ● 汗をかいたら沐浴を行い、衣服を着替える ● 熱中症に注意し、頻繁に状態観察をする ● 休息を十分とれるよう援助する ● 疲労の回復をはかる

健康管理に関する各種書類　チェック一覧

- □健康診断票　□年間健診計画書　□健康診断結果お知らせ
- □睡眠チェック表　□食物アレルギー児への対応マニュアル
- □身体測定記録簿　□施設・遊具の安全チェック表
- □歯科検診管理簿　□保健だより　□生活調査票
- □ヒヤリハットの記録　□登園許可書
- □連絡帳　□事故報告書　□与薬依頼書

環境整備

- 保育室の温度・湿度・換気に留意する
- 備品・おもちゃ・固定遊具及び園内外の整備など安全点検をする
- けがの予防に努め、全身運動と適度な休息のバランスをとる

1歳児から3歳未満児

- 睡眠・食事のリズムが整い、十分に体を動かして遊ぶ
- 手洗いやうがいの習慣が身につき、排泄の自立に向けてトイレへの関心が高まる

3歳以上児

- 生活リズムが整い、体を動かし存分に遊ぶ
- 健康・安全に必要な生活習慣が身につく
- 排泄の自立、簡単な身のまわりのことをしようとする

3期のねらい（10・11・12月）	4期のねらい（1・2・3月）
● 全身を使って遊び、体力をつける ● 風邪の予防に努める ● 衣服を調節し、冬の習慣に慣れる	● 生活に必要な衛生・安全の習慣を身につける ● 寒さに負けず、元気に遊ぶ
● 心理相談 ● 内科健診、歯科検診（全園児実施） ● 健診嘱託医との連絡 ● 園舎消毒 ● 衛生管理	● 心理相談 ● 衛生管理 ● 健康管理 ● 感染予防
● 生活リズムを整える ● 戸外遊びを推進し、体力増強を図る ● 疲れすぎないように配慮する ● 皮膚状態、頭髪の観察（虫さされ、とびひ等） ● エアコン、暖房器具の整備 ● 手洗い、うがいの指導 ● 室内の換気、室温、湿度に注意し調整する ● 検温の徹底 ● 気温の変化によって衣類を調整する	● 室内の換気、室温、湿度に注意し調整する ● 検温の徹底 ● 健康記録の整理 ● 保健計画の反省 ● 新入園児の面接・健診

保護者との連携

- 子どもの家庭での生活実態、健康状態、既往症、予防接種履歴などの情報提供をしてもらい、子どもにとって適切な保育を行う。
- 子どもの成長過程を日々の生活を通して細かに伝え、家庭と園で、心身ともに一貫して過ごせるようにする。
- 食物アレルギーのある子については、家庭との連絡を密に行う。アナフィラキシーショックのある子へは、個別の献立表などを作成し、緊急時の対応について消防署、病院と事前に打ち合わせ、情報を共有する。
- 家庭と連携を取り、子ども一人ひとりの体質やアレルギーの有無、好き嫌い、食事の量、離乳食などを把握し、安全に食育活動を進める。

食育計画

食育目標…"食"に関心をもち、健康な心と体を育て、自ら健康的で安全な生活ができるような力を養う。

季節	春		夏		
月	4	5	6	7	8
行事食・郷土食	誕生会メニュー ───	ふき煮、わらび汁 子どもの日	ささ巻 筍煮 お楽しみ給食	七夕(そうめん汁) なだ巻き 土用丑の日 だし ─→	夏野菜カレー お楽しみ給食
給食に取り入れる 旬の野菜等	茎立ち イチゴ 春キャベツ わらび	サヤエンドウ アスパラ アスパラ菜 筍 ブロッコリー	サヤインゲン ほうれん草 インゲン ミニトマト サクランボ	じゃが芋 キュウリ、枝豆 トマト なす・トウモロコシ オクラ カボチャ メロン スイカ	ブドウ
食育だより	園給食について カフェテリア給食について ごはんの量 朝食の大切さ 旬の野菜・行事食・献立紹介 ───		むし歯予防 よくかもう!	食中毒予防 咀嚼 手洗い	夏野菜の話

	年間目標	1期のねらい(4・5・6月)	2期のねらい(7・8・9月)
0歳児	一人ひとりの発達に合わせ授乳、離乳を進め発育発達を促す。	● 一人ひとりが安心して乳汁を飲み、また離乳食を食べる。	● 個々に応じた授乳を行い、楽しい雰囲気で離乳食を食べる。
1歳児	スプーンやフォークの正しい持ち方を知り、食べることの楽しさを感じ、意欲的に食べられるようにする。	● 保育者に見守られ安心して食べる。	● いろいろな食べ物を見る、触れる、味わうことを通して食に関心をもつ(低月齢児は手づかみ食べを十分に経験する)。
2歳児	楽しい雰囲気の中で、食べ物に関心をもち、自分で食べようとする気持ちを育てる。	● 食事(おやつ)を保育者や友だちと一緒に楽しく食べる。	
3歳児〜5歳児	生活と遊びの中で、自ら意欲をもって食に関わる体験を積み重ね、食べることを楽しめるようにする。	● 友だちと一緒に楽しく食事をする。 ● カフェテリア方式(※)を通し、自分の食べられる量を知る。 ● 自分たちで畑作りをし、その生長や収穫物に関心をもつ。 ● いろいろな食材を食べてみようとする。 ● 食事の正しい姿勢、マナーを知る。 ◎ 騒がず座って食事を楽しむ。	
調理室の配慮点 (0〜2歳児)		● 家庭と連絡を取り、個々に合わせた形態・食材を把握したうえで、切り方、大きさに注意して提供する(離乳食)。 ● クラス訪問を行い、喫食状況を把握し、成長に合った調理方法を工夫する。また、訪問時、子どもとの交流を図る。 ─── ● スプーンやフォークで食べやすい切り方に配慮する。 ─── ● うす味給食を心がける。 ───	
調理室の配慮点 (3〜5歳児)		● 家庭で食べ慣れた献立を取り入れる。 ● 食べることが楽しくなるような盛りつけや献立を取り入れ、食に対する関心をもてるようにする。 ● 子どもが取り分けしやすく、食べやすい切り方、大きさに配慮する。 ● クラス訪問をしっかり行い、食材の固さ、大きさなど喫食状況を把握し、調理方法を工夫する。 ─── ● 咀嚼を促す食材を取り入れる。	

園と家庭・地域との連携

● 日々の給食の状態や食材、子どもたちそれぞれの様子、反応について、写真、連絡帳、口頭などで知らせ、個々の成長を保護者と共有する。
● クッキングなど食育活動の意義や様子を知らせる。

● 献立表、食育だよりで園の食事について知らせ、食への関心と啓蒙を図る。
● 食事の見本の展示し、保護者に試食をしてもらい、園給食への関心を高める。

	秋			冬		春
9	**10**	**11**	**12**	**1**	**2**	**3**
芋煮、みそ揚げ 里芋のみそ和え	栗ごはん がんばれ給食	新米（おにぎり）	小豆カボチャ クリスマス	納豆汁（七草）	節分	ひな祭り お別れバイキング
		お楽しみ給食			お楽しみ給食	お祝い膳
キャベツ 里芋	さつま芋 新米 リンゴ	ゴボウ　　白菜 → しいたけ　大根 青菜　　ねぎ なし、かき　　ラフランス		セロリ　レタス		かぶ イチゴ
夏バテ回復 夏バテ防止	冬の感染症	年末年始行事の食べ物 免疫向上の習慣（ノロウイルス・インフルエンザ）		健康チェック	節分	食事マナー ひな祭り　バイキングの報告

	3期のねらい（10・11・12月）	4期のねらい（1・2・3月）
	● 離乳食では、咀嚼することを知らせ、こぼしても自分で食べようとする気持ちをもつ（手づかみ食べを大事にする）。	● 食べやすい持ち方でフォークやスプーンを使い、食べることに慣れる。 ● 離乳食を進め、様々な食品に触れ、幼児食への移行を図る。
	● 保育者や友だちと一緒に楽しい雰囲気で意欲的に食べる。	● スプーンやフォークの正しい持ち方を知り、楽しい雰囲気で自分からすすんで食べる。
	● 楽しい雰囲気の中で、正しい持ち方でスプーン、フォーク、はしを使って食べる。 ● 野菜作りを手伝い、収穫物を友だちと一緒に食べることを楽しむ。	● マナーを知り、そのまねをして、楽しく落ち着いて食べる。 ● 簡単なクッキングを通して、食材の変化やクッキングの楽しさを感じ、でき上がったものを喜んで食べる。
	● 食べ物と健康に関心をもち、大きくなりたいという気持ちをもっていろいろな食べ物を食べようとする。 ● 栽培物の収穫を喜び、それを食べることで食材への関心を深める。 ● クッキングに取り組み、調理の楽しさ、食べることの喜びを味わう。 ◉ 正しいはし使いを意識して食べる。 ◉ 食器を持ち、こぼさないように気をつけて食べる。	● 食習慣や食事の大切さを理解し、すすんでマナーを守り、楽しく食事をする。 ● 食べ物と体の働きを理解し、いろいろな食べ物を食べる。 （5歳児） ◉ 食事時間を意識して食べ終えようとする。 ◉ 就学に向けて食事のマナーを再確認する。
	● 手づかみ食べしやすいような切り方を工夫する。 ● 咀嚼を促すような食材を選び、固さや大きさを成長に合わせて工夫する。 ● 楽しく子どもの目を引くような盛りつけを心がける。	● 見た目で楽しさを感じられるような盛りつけを心がける。
	● クラス訪問時に体をつくる栄養などについての声かけを行う。 ● 適時適温での調理、配膳に気をつける。 ● よくかむ力がつくような食材を用いて、献立を立てる。 ● 様々な食材を用いて、そのもち味を生かして調理を工夫する。 ● 展示物や掲示物を設置し、食べ物に関心をもって食べられるようにする。	● 個々の成長や食欲に合わせて食事量を工夫する（おかわりの準備等）。 ● 正しい食事のマナーを知り食べられるよう、保育者と連携し声がけする。 ● 体と食べ物の関係に関心をもって食べられるように、掲示物などを工夫する（5歳児）。
	● 畑の収穫物などでクッキング活動ができるように準備する。	

● 食物アレルギーのある子については、家庭との連絡を密に行う。アナフィラキシーショックのある子へは個別の献立表などを作成し、緊急時の対応については、消防署、病院と事前に打ち合わせ、情報を共有する。

● 家庭と連携を取り、子ども一人ひとりの体質やアレルギーの有無、好き嫌い、食事の量、離乳食などを把握し、安全に食育活動を進める。

※本園では、カフェテリア方式での配膳を行っています。子ども一人ひとりの成長が違うように、食べられる量も好みも個人差があります。食事は楽しく食べられるように無理をせず、一人ひとりが自分の食べられる量を知り、バランスよく食べられるように保育者と連携を取り、時間をかけて進めています。

保育の内容（例）

		乳児		満1歳児〜3歳未満児
養護	生命保持・情緒の安定	**◉ 生命の保持** ● 一人ひとりの子どもの平常の健康状態や発育及び発達状態を的確に把握し、異常を感じる場合は、速やかに適切に対応する。 ● 家庭との連携を密にするとともに、嘱託医などとの連携を図り、子どもの疾病や事故防止に関する認識を深め、保健的で安全な保育環境の維持及び向上に努める。		● 清潔で安全な環境を整え、適切な援助や応答的な関わりを通して、子どもの生理的欲求を満たす。また、家庭と協力し、子どもの発達過程などに応じた適切な生活のリズムをつくる。 ● 子どもの発達過程などに応じて、適度な運動と休息を取ることができるようにする。また、食事、排泄、衣服の着脱、身のまわりを清潔にすることなどについて、子どもが意欲的に取り組めるよう適切に援助する。
教育	身体的発達	**◉「健やかに伸び伸びと育つ」** ● 保育者の愛情豊かな受容の下で、生理的・心理的欲求を満たし、心地よく生活をする。 ● 一人ひとりの発育に応じて、はう、立つ、歩くなど、十分に体を動かす。 ● 個人差に応じて授乳を行い、離乳を進める中で、様々な食品に少しずつ慣れ、食べることを楽しむ。 ● 一人ひとりの生活リズムに応じて、安全な環境の下で十分に午睡をする。 ● おむつ交換や衣服の着脱などを通じて、清潔になることの心地よさを感じる。	健康	● 保育者の愛情豊かな受容の下で、安心感をもって生活をする。 ● 食事や午睡、遊びと休息など、園における生活のリズムが形成される。 ● 走る、跳ぶ、のぼる、押す、引っ張るなど全身を使う遊びを楽しむ。 ● 身のまわりを清潔に保つ心地よさを感じ、その習慣が少しずつ身につく。 ● 保育者の助けを借り、衣服の着脱を自分でしようとする。 ● 便器での排泄に慣れ、自分で排泄できるようになる。
	社会的発達	**◉「身近な人と気持ちが通じ合う」** ● 子どもからの働きかけを踏まえた、応答的なふれあいや言葉がけによって、欲求が満たされ、安心感をもって過ごす。 ● 体の動きや表情、発声、喃語などをやさしく受けとめてもらい、保育者とのやりとりを楽しむ。 ● 生活や遊びの中で、自分の身近な人の存在に気づき、親しみの気持ちを表す。 ● 保育者による言葉や歌による働きかけ、発声や喃語などへの応答を通じて、言葉の理解や発語の意欲が育つ。 ● あたたかく、受容的な関わりを通じて、自分を肯定する気持ちが芽生える。	人間関係	● 保育者や周囲の子どもなどとの安定した関係の中で、ともに過ごす心地よさを感じる。 ● 保育者の受容的・応答的な関わりの中で、欲求を適切に満たし、安定感をもって過ごす。 ● まわりに様々な人がいることに気づき、徐々にほかの子どもと関わりをもって遊ぶ。 ● 保育者の仲立ちにより、ほかの子どもとの関わり方を少しずつ身につける。 ● 園の生活の仕方に慣れ、きまりがあることや、その大切さに気づく。 ● 生活や遊びの中で、年長児や保育者のまねをしたり、ごっこ遊びを楽しんだりする。
			環境	● 安全で活動しやすい環境での探索活動などを通して、見る、聞く、触れる、嗅ぐ、味わうなどの感覚の働きを豊かにする。 ● おもちゃ、絵本、遊具などに興味をもち、それらを使った遊びを楽しむ。 ● 身のまわりのものに触れる中で、形、色、大きさ、量など、ものの性質や仕組みに気づく。 ● 自分のものと人のものとの区別や、場所的感覚など、環境をとらえる感覚が育つ。 ● 身近な生き物に気づき、親しみをもつ。 ● 近隣の生活や季節の行事などに興味や関心をもつ。
			言葉	● 保育者の応答的な関わりや話しかけにより、自ら言葉を使おうとする。 ● 生活に必要な簡単な言葉に気づき、聞き分ける。 ● 親しみをもって日常のあいさつに応じる。 ● 絵本や紙芝居を楽しみ、簡単な言葉をくり返したり、模倣をしたりして遊ぶ。 ● 保育者とごっこ遊びをする中で、言葉のやりとりを楽しむ。 ● 保育者を仲立ちとして、生活や遊びの中で友だちと言葉のやりとりを楽しむ。 ● 保育者や友だちの言葉や話に興味や関心をもち、聞いたり、話したりする。
	精神的発達	**◉「身近なものと関わり感性が育つ」** ● 身近な生活用具、おもちゃや絵本などが用意された中で、身のまわりのものに対する興味や好奇心をもつ。 ● 生活や遊びの中で様々なものに触れ、音、形、色、手ざわりなどに気づき、感覚の働きを豊かにする。 ● 保育者と一緒に様々な色彩や形のもの、絵本などを見る。 ● おもちゃや身のまわりのものを、つまむ、つかむ、たたく、引っ張るなど、手や指を使って遊ぶ。 ● 保育者のあやし遊びに機嫌よく応じたり、歌やリズムに合わせて手足や体を動かして楽しんだりする。	表現	● 水、砂、土、紙、粘土など様々な素材に触れて楽しむ。 ● 音楽やリズム、それに合わせた体の動きを楽しむ。 ● 生活の中で様々な音、形、色、手ざわり、動き、味、香りなどに気づいたり、感じたりして楽しむ。 ● 歌をうたったり、簡単な手遊びや全身を使う遊びを楽しんだりする。 ● 保育者からの話や、生活や遊びの中での出来事と通して、イメージを豊かにする。 ● 生活や遊びの中で、興味のあることや経験したことなどを自分なりに表現する。
			食を営む力	● 様々な食品や調理形態に慣れ、ゆったりとした雰囲気で食事や間食を楽しむ。 ● いろいろな食べ物を見る、触れる、味わう経験を通して、自分ですすんで食べようとする。 ● 楽しい雰囲気で、スプーンやフォークの持ち方を知り、自分で食事をしようとする。

158

3歳以上児

◎ 情緒の安定

- 一人ひとりの子どもの置かれている状況や発達過程などを的確に把握し、子どもの欲求を適切に満たし、応答的なふれあいや言葉がけを行う。
- 一人ひとりの子どもの気持ちを受容し、共感し、子どもとの継続的な信頼関係を築く。

- 保育者との信頼関係を基盤に、一人ひとりの子どもが主体的に活動し、自発性や探索意欲などを高め自信をもつことができるように、成長の過程を見守り適切に働きかける。
- 一人ひとりの子どもの生活のリズム、発達過程、保育時間などに応じて、活動内容のバランスや調和を図り、適切な食事や休息を取れるようにする。

健康

- 保育者や友だちとふれあい、安定感をもって行動する。
- いろいろな遊びの中で十分に体を動かす。
- すすんで戸外で遊ぶ。
- 様々な活動に親しみ、楽しんで取り組む。
- 保育者や友だちと食べることを楽しみ、食べ物への興味や関心をもつ。
- 健康な生活のリズムを身につける。

- 身のまわりを清潔にし、衣服の着脱、食事、排泄などの生活に必要な活動を自分でする。
- 園における生活の仕方を知り、自分たちで生活の場を整え、見通しをもって行動する。
- 自分の健康に関心をもち、病気の予防などに必要な活動をすすんで行う。
- 危険な場所、危険な遊び方、災害時などの行動の仕方がわかり、安全に気をつけて行動する。

人間関係

- 保育者や友だちとともに過ごす喜びを味わう。
- 自分で考え、自分で行動する。
- 自分でできることは自分でする。
- いろいろな遊びを楽しみ、ものごとをやり遂げようとする気持ちをもつ。
- 友だちと積極的に関わり、喜びや悲しみを共感し合う。
- 自分の思ったことを相手に伝え、相手の思っていることに気づく。
- 友だちのよさに気づき、一緒に活動する楽しさを味わう。

- 友だちと楽しく活動する中で、共通の目的を見いだし、工夫したり協力したりする。
- よいことや悪いことがあることに気づき、考えながら行動する。
- 友だちとの関わりを深め、思いやりをもつ。
- 友だちと楽しく生活する中できまりの大切さに気づき、守ろうとする。
- 遊具や用具を大切にし、みんなで使う。
- 高齢者をはじめ地域の人々など、自分の生活に関係の深いいろいろな人に親しみをもつ。

環境

- 自然に触れて生活し、その大きさ、美しさ、不思議さなどに気づく。
- 生活の中で、様々なものに触れ、その性質や仕組みに興味や関心をもつ。
- 自然や人間の生活には、季節により変化のあることに気づく。
- 自然などの身近な事象に関心をもち、取り入れて遊ぶ。
- 身近な動植物に親しみをもって接し、生命の尊さに気づき、いたわったり、大切にしたりする。
- 日常生活の中で、自分の国や地域社会における様々な文化や伝統に親しむ。

- 身近なものを大切にする。
- 身近なものやおもちゃなどに興味をもって関わり、自分なりに比べたり関連づけたりして考え、試し、工夫して遊ぶ。
- 日常生活の中で数量や図形などに関心をもつ。
- 日常生活の中で簡単な標識や文字などに関心をもつ。
- 生活に関係の深い情報や施設などに興味や関心をもつ。
- 園内外の行事において国旗に親しむ。

言葉

- 保育者や友だちの言葉や話に興味や関心をもち、親しみをもって聞いたり、話したりする。
- したり、見たり、聞いたり、感じたり、考えたりしたことを、自分なりに言葉で表現する。
- したいこと、してほしいことを言葉で表現し、わからないことを尋ねたりする。
- 人の話を注意して聞き、相手にわかるように話す。
- 生活の中で必要な言葉がわかり、使う。

- 親しみをもって日常のあいさつをする。
- 生活の中で言葉の楽しさや美しさに気づく。
- いろいろな体験を通じてイメージや言葉を豊かにする。
- 絵本や物語などに親しみ、興味をもって聞き、想像する楽しさを味わう。
- 日常生活の中で、文字などで伝える楽しさを味わう。

表現

- 生活の中で様々な音、形、色、手ざわり、動きなどに気づいたり、感じたりして楽しむ。
- 生活の中で美しいものや心を動かす出来事に触れ、イメージを豊かにする。
- 様々な出来事で感動したことを伝え合う楽しさを味わう。
- 感じたこと、考えたことなどを音や動きで表現したり、自由にかいたり、作ったりなどする。
- いろいろな素材に親しみ、工夫して遊ぶ。

- 音楽に親しみ、歌をうたったり、簡単なリズム楽器を使ったりする楽しさを味わう。
- 書いたり、作ったりすることを楽しみ、遊びに使ったり、飾ったりする。
- 自分のイメージを動きや言葉などで表現したり、演じて遊んだりするなどの楽しさを味わう。

食を営む力

- 保育者や友だちと食べることを楽しみ、食べ物への興味や関心をもつ。
- 友だちと一緒に食事をし、食事の仕方が身につく。

- 体と食べ物の関係に関心をもつ。
- 地域の食物や食文化に関心をもつ。

159

自立の過程　睡眠・食事・遊びの発達過程、排泄の自立の過程（例）

月齢	1	2	3	4	5	6	7	8	9	10	11	12
運動	ベッドでねんね。首がすわる			寝返り・お座りをする			ハイハイ・つかまり立ちをする			伝い歩き・よちよち歩き		

遊び

見える・聴こえる (1-3)	さわってみたい (4-6)	確かめたい (7-9)	何度もやってみたい (10-12)
ガラガラやメリーなど動くものを見つめる。	手を出してつかみ、振ったりなめたりして確かめる。	ブロック、ガラガラなど両手に持ち、なめたりして確かめる。	太鼓など音の出るおもちゃ何度もたたいて遊ぶ。
保育者の歌声などを聞くと喜んで声を出す。	ガラガラ、プレイジム、ぬいぐるみなどで遊ぶ。	絵本を読んでもらい、保育者の表情や仕草をまねる。	指先でつまんで入れたり出したりして遊ぶ。
抱っこで散歩し、光や風にあたる。	「いないいないばあ」やくすぐり遊びを楽しむ。	風呂敷などを使って「いないいないばあ」を楽しむ。	保育者と「バイバイ」などの身振り手振りで遊ぶ。

睡眠の発達過程

眠り中心の生活の時期 (1-3)	昼夜のリズムが確立する時期 (4-6)	午前の睡眠と午後の睡眠の時期 (7-12)
● 生活の大半を眠って過ごす。	● 昼間目覚めている時間が増え、少しずつまとめて眠ることが多くなる。	● 一日の睡眠時間が14時間前後となり、午前と午後の眠りになってくる。
● 昼夜の区別がついていない。	● 昼夜のリズムが確立し、夜間の睡眠時間も次第に長くなる。	● 眠くなると特定の保育者を求め、安心して眠る。
● 眠りと目覚めをくり返し、次第に目覚めている時間が長くなってくる。	● 寝入りや目覚めの時にくずったり、泣いたりする。	● 自分の眠る場所がわかり、その場所であると安心して眠れる。
● おなかがすくと目覚め、乳汁を飲み、おなかがいっぱいになると眠る。		● 目覚めた時、なじんだ保育者を求め、見つけると安心する。

食事の発達過程

乳汁中心（飲ませてもらう）(1)	準備期 (2-3)	離乳期 (4-6)	（食べさせてもらう）(7-8)	（手伝ってもらいながら食べる）(9-12)
● 授乳のリズムが整わず不規則である。	● 授乳のリズムが整ってくる。	● 離乳食を午前1回食べる。	● 離乳食を2回（午前1回、午後1回）食べる。	● 離乳食を一日3回食べる。
● 空腹になると不快を感じて、ぐずったり泣いたりする。	● 食べるものを見ると声を出し、食べさせてほしいという表情をする。	● 舌の突き出し反射が消え、食べ物を見るともぐもぐする。	● 舌で食べ物をつぶして食べられるようになる。	● 乳汁より食事の離乳食のほうを多く食べる。
		● 歯が生え始め、よだれが多く出て食べたがる。	● スープは実のないものから、少しずつ実の入ったものを食べる。	● 唇を閉じたり開いたり、舌を左右に動かし食べる。
	● スプーンなどの感触に慣れる。	● 舌を前後に動かし、口唇を閉じるようになり飲み込む。	● はじめて食べる味や形態は拒む。	
	● 手に握ったものを口にあて、なめたりする。	● ものを握り、何でも口に持っていこうとする。	● 食べたいもの指さしたり、手づかみ食べをする。	● 前歯でかみ切って食べる。
		● 食べ物を見ると、手足をばたばたして喜ぶ。	● 食卓を見ると、食事が始まるのがわかり反応する。	● 食欲にむらがあり、好きな食品や嫌いな食品が出てくる。
			● 食べるリズムや食べ癖などに合わせて食べさせてくれる保育者だと、安心して食べる。	● 手づかみで食べ、コップで飲もうとする。
				● フォークやスプーンを使って食べようとする。
				● 食事後のミルクは飲まないが、おやつ時にミルクを飲む。

排泄の自立の過程

おむつの時期

(1-6)	(7-12)
● 腎臓の働きや消化機能が未発達のため頻繁に排泄をする。	● 排尿の間隔が長く、規則的になってくる。
● 乳汁を飲むと、すぐに排泄する。	● 10か月ごろになると、個人差はあるが排尿回数は一日10〜16回、排便は1〜2回程度となる。
● 主に水分を含む水様便で、回数が多い。	● 膀胱に尿がたまると反射的に排尿し、子ども自身でコントロールはできないが、声を出したりもぞもぞしたりする。
● 排便反射による排便で、乳児が便意を感じることはなく、回数が多い。	● 排便をするとき反射的に腹圧をかけ、いきむ。
● おむつかぶれになりやすい。	● 軟便から固形便となり、次第に回数も少なくなる。

13	14	15	16	17	18	19	20	21	22	23	24	25	26	27	28	29	30	31	32	33	34	35	36

| とことこ歩き・のぼる | | | | | | すたすた歩き・走る | | | | | | 蹴る・のぼる・ジャンプする・バランスをとる | | | | | | | | | | | |

行ってみたい・確かめたい	動きたい・話したい	まねしたい・一緒に遊びたい	使ってみたい・なりきりたい
戸外に出ると興味のあるものに向かって歩く。 鍵やボタンなどをどのように使うか確かめて遊ぶ。 絵本などを通して保育者とやりとりを楽しむ。	ボールを投げたり、つかんだりなど全身活動を好む。 砂や水などいろいろな素材に触れ、感触を楽しむ。 友だちと野遊びを好み、トラブルになることもある。	高いところから飛び降りたり、ぶら下がったり、全身を使って遊ぶ。 リズムに合わせて手足を動かす。指先を使う遊びに夢中になる。 ごっこ遊びが盛んになり、その役になりきって遊ぶ。	三輪車をこぎ、平均台をバランスをとって渡る。 はさみ、のりなどの道具を使って作ることを楽しむ。 いすや積み木を使って電車やトンネルに見立てて遊ぶ。

午後の睡眠に移行する時期	午後1回の睡眠の時期
● 日中の眠りが定着せず、その日によって眠る時間に違いがある。 ● 午前の睡眠と午後の睡眠をくり返し、午後1回の睡眠の日が多くなってくる。 ● 昼食時間に眠くなり、機嫌が悪くなったりする。 ● 睡眠時、特定の保育者との関わりを求め、特定の保育者だと安心して眠る。 ● 眠りの前の絵本やお話を楽しみに待つ。 ● 自分の眠る場所にこだわり、その場所で安心して眠る。	● 午後1回まとめてぐっすり眠る。 ● 存分に遊んだ時は、ぐっすりと眠る。 ● 眠りに入る前の絵本やお話を楽しみに待つ。 ● 時には保育者を求めるが、だいたいは一人でも眠れるようになる。 ● 一緒に眠りたい友だちができる。 ● 睡眠の準備や身支度ができるようになる。

離乳完了	普通食（一人で食べる）
● 離乳食完了。普通食（一日3回）を食べるようになる。 ● ごはんを食べ、牛乳を飲む。 ● あごが自由に動くようになり唇を閉じて食べ物を左右、上下に動かして食べる。 ● コップや汁椀を持って飲む。 ● フォークやスプーンを持って食べられるようになる。 ● 食べたい、食べたくないがはっきりしてくる。	● 幼児食から普通食を食べるようになる。 ● ごはんやおかずなど様々なものが食べられるようになる。 ● もぐもぐと食品の味を楽しんだり、あまりかまずに飲み込んだりと、様々な食べ方をする。 ● 促されるとごはんとおかずを交互に食べようとする。 ● スプーンやフォークを持って食べるが、はしにも興味をもち使ってみようとする。 ● 食べる・食べないがはっきりし、食べたくないものは拒み続ける。 ● 好みのものを見つけると、それを一番に食べたいと主張するようになる。

便器に慣れる時期	おむつの外れる時期	トイレで排泄する時期
● 排泄の間隔がおおよそ一定になり定着する。個人差はあるが回数も少なくなる。 ● 尿意を感じても、予告したり我慢することはできない。 ● 大便のとき、いきんだり、おむつに手を当てたりする。排尿後「チッチ」などと知らせるようになる。 ● 便意を感じ、随意的に排便をコントロールできるようになる。 ● トイレに興味が出てくる。	● 排尿の間隔が長くなる。 ● おおよそ1時間半〜2時間ぐらいになる。 ● おむつにしたり、トイレで排泄したり、もらしたり、排泄の場が定着する。 ● 遊びの途中でおむつ交換されたりトイレに誘われたりするのを嫌がる。 ● 特定の保育者に排泄に関わってほしいとこだわったり、トイレの特定の場所にこだわったりする。	● トイレで排泄する。 ● 尿意を感じ、排泄前に保育者に知らせることもある。 ● 遊びに夢中になると間に合わず、もらすこともある。 ● 「おねしょ」はまだ続くが、タイミングよく誘えばトイレででできるようになる。 ● トイレットペーパーを使ってふこうとし、排泄後の手洗いもするようになる。

ダウンロードのご案内

本書に掲載している「クラスにおける子どもの姿」（PDF形式）をダウンロードすることができます。ダウンロード後、お使いのコンピュータにファイルを保存し、ご活用ください。

収録内容

付録　0歳児クラスの子どもの姿（12か月分）PDF形式

※ダウンロード時の通信料はお客様のご負担となります。

※本書をご購入後、早い段階でのダウンロードをお願いいたします。本書の改訂や絶版、弊社システムの都合などにより、予告なくサービスを終了させていただく場合があります。予めご了承ください。

ファイルのダウンロード方法

パソコンは Windows 10、ブラウザは Internet Explorer 11.0 を例に説明します。

❶パソコンのブラウザのアドレスバーに、次のダウンロードページの URL を入力してください。

https://www.chuohoki.co.jp/movie/8282/

※中央法規コーポレートサイトからはダウンロードページにアクセスできません。上記 URL を直接入力してください。

❷ダウンロードしたいファイルのリンクをクリックしてください。

❸自動的にダウンロードが開始され、画面にメッセージが表示されるので、保存先を決めて「保存」をクリックしてください。保存されたファイルを開くとパスワードの入力画面になりますので、パスワードを入力してください。

パスワード：ShidoK0

動作環境 ●閲覧機器

パソコン、タブレットにてファイルをご覧いただけます。スマートフォンでの閲覧は保障いたしません。

●推奨OS，ブラウザのバージョン

Windows 8.1-Internet Explorer 11.0

Windows 10-Internet Explorer 11.0，Microsoft Edge

MAC – Safari，Google Chrome，Firefox（OS も含めて最新版のみ）

●接続環境

上記の環境を有する場合でも、お客さまの接続環境等によっては一部の機能が動作しない場合や画面が正常に表示されない場合があります。また、ダウンロード時の通信料はお客様のご負担となります。

商標 ●Windows® の正式名称は Microsoft® Windows® operating System です。

●Windows 8.1、Windows 10、Internet Explorer 11.0、Microsoft Edge は米国 Microsoft Corporation の米国およびその他の国における登録商標および商標です。

●Mac OS、Safari は Apple Computer Inc. の米国およびその他の国における登録商標または商標です。

●Chrome は Google Inc. の商標または登録商標です。

●Firefox は Mozilla Foundation の商標です。

編著者

阿部和子（あべ・かずこ）

東京家政大学家政学部児童学科卒業、日本女子大学大学院修士課程修了（児童学専攻）、聖徳大学短期大学部教授、大妻女子大学教授を経て、現在は大妻女子大学名誉教授、大阪総合保育大学大学院特任教授。厚生労働省保育専門委員会委員・同ワーキンググループ委員、保育所保育指針、認定こども園教育・保育要領（2017年告示）の改定（改訂）、保育士養成課程等検討会委員として2019年度施行の保育士養成課程の改定に携わる。乳児保育の研究に長年携わり、保育士養成や保育士等キャリアアップ研修「乳児保育」研修等の講師をつとめる。

山王堂惠偉子（さんのうどう・けいこ）

日本女子大学家政学部児童学科卒業、聖徳大学大学院児童学研究科博士前期課程修了、社会福祉法人米沢仏教興道会興道南部保育園・興道親和乳児園・興道東部保育園保育士を経て主任保育士、興道西部保育園・興道北部保育園・興道南部保育園園長を歴任、山形短期大学非常勤講師、東北文教大学講師、准教授を経て、現在は非常勤講師。保育士等キャリアアップ研修「乳児保育」、子育て支援員、園内研修等の講師をつとめる。

執筆・協力

社会福祉法人白鷹町社会福祉協議会　さくらの保育園
　鈴木智子（2019年度　園長）
　藤守佐智（2019年度　保育士）
　他職員

保育の質が高まる！
0歳児の指導計画
子ども理解と書き方のポイント

2021年2月20日　発行

編著者　　阿部和子・山王堂惠偉子
発行者　　荘村明彦
発行所　　中央法規出版株式会社
　　　　　〒110-0016　東京都台東区台東3-29-1　中央法規ビル
　　　　　営　　　業　Tel 03（3834）5817　Fax 03（3837）8037
　　　　　取次·書店担当　Tel 03（3834）5815　Fax 03（3837）8035
　　　　　https://www.chuohoki.co.jp/

編集協力　　　　株式会社こんぺいとぷらねっと
印刷・製本　　　株式会社ルナテック
装幀・本文デザイン　平塚兼右、平塚恵美、
　　　　　　　　矢口なな、新井良子（PiDEZA Inc.）
装幀イラスト　　さかじりかずみ
本文イラスト　　かつまたひろこ